Alain BOISSINOT
Marie-Martine LASSERRE
Michelle HAXAIRE

TECHNIQUES DU FRANCAIS

Guide pédagogique

BERTRAND-LACOSTE
36, rue Saint-Germain-l'Auxerrois - 75001 Paris

Ce volume présente, à l'usage des enseignants, les corrigés des exercices proposés dans TECHNIQUES DU FRANCAIS, ainsi que des documents complémentaires et des indications bibliographiques. Nous aimerions que l'ensemble aide à prolonger la réflexion sur des problèmes qu'un manuel destiné aux élèves est obligé de simplifier pour des raisons pédagogiques : tout enseignant sait bien que la nature des questions abordées et le renouvellement perpétuel de la recherche empêchent - et c'est bien ainsi - que l'on se contente d'un savoir clos et réducteur.

Les indications bibliographiques sont volontairement sélectives : nous avons choisi de ne présenter que des articles ou des ouvrages dont l'expérience de la formation continue, notamment, nous avait montré qu'ils étaient utiles aux enseignants à la fois sur le plan de l'information théorique et sur celui de la réflexion pédagogique. Cette double préoccupation, c'est aussi celle que l'on retrouve dans des revues auxquelles nous devons beaucoup et dont nous tenons à souligner ici l'intérêt pour les enseignants : Le Français Aujourd'hui (1) et Pratiques (2).

N.B. Les renvois au livre de l'élève sont en général abrégés ci-dessous en T.F. suivie de l'indication de la page. Les références aux textes, sauf indications contraires, renvoient aux paragraphes.

(1) Le Français Aujourd'hui, 19 rue des Martyrs - 75009 PARIS.
(2) Pratiques, 8 rue du Patural - 57000 METZ.

SOMMAIRE

LE LANGAGE

L'objectif de ce chapitre est de sensibiliser les élèves, à partir du rappel d'un certain nombre de notions de base, à la complexité et à la richesse du langage humain. Cette richesse tient notamment à la marge de jeu (et de jeux) que laissent à l'émetteur le signifiant et le signifié. Si le chapitre et les exercices, par commodité, abordent successivement ces 2 aspects du signe, il va de soi que dans un énoncé réel les 2 niveaux sont étroitement interdépendants et que cela n'a pas de sens de dissocier le "fond" de la "forme".

Les textes littéraires fournissent, en ce domaine, un champ d'expérimentation privilégié : nous les avons largement utilisés pour les exercices. Mais il ne s'agit pas ici de les étudier pour eux-mêmes (le tome 2 de T.F. leur sera consacré) ; l'objectif est seulement, à partir de ces textes, d'habituer les élèves à reconnaître des procédés que l'on retrouve dans bien d'autres sortes de textes et notamment, à l'occasion, dans les textes argumentatifs étudiés dans les chapitres suivants.

Sur ces procédés, comparaisons, métaphores, paronomases, etc, on trouvera ci-dessous quelques suggestions et indications ouvertes, à partir de textes dont il n'est pas question de présenter ici l'étude exhaustive.

CORRIGE DES EXERCICES

1.

A A partir de la comparaison du vers 1 ("La musique... comme une mer"), deux métaphores sont filées tout au long du poème :

- Musique = mer (vers 1 - 7 - 11 - 12).
- Je = bateau (vers 4 - 7 - 9 - 10).

Cette double métaphore est renforcée par de multiples jeux sur les signifiants : structure de la strophe, assonances et allitérations, enjambements, etc.

A l'intérieur de la double métaphore dominante, il est possible d'identifier des champs lexicaux :

- Eléments : mer, étoile, brume, éther, nuit, vent, tempête, goufre, calme plat...
- Etre humain : poumon, dos, souffre, convulsions...

Or la double métaphore utilise ces champs lexicaux indistinctement : "le dos des flots", "un vaisseau qui souffre", "je mets à la voile"...

C'est ainsi qu'est suggérée la correspondance soulignée dans les deux derniers vers : "grand miroir/de mon désespoir".

Il n'y a pas de frontière entre monde extérieur et monde intérieur.

B Tout le tissu métaphorique du texte prépare la phrase finale : "Lui, cette pauvre force tout de suite épuisée, il combat l'inépuisable". Du récit d'une noyade, Victor Hugo fait l'affrontement d'entités.

Deux métaphores organisent le texte :

- Bateau = être vivant : une route, sombre (1er §), frissonnant (2e §), spectre, blêmit (3e §)...
- Eau = monstre : monstrueuse, hideusement, haillons, populace de vagues, dévorent, d'affreuses végétations le saisissent, les flots se le jettent l'un à l'autre, l'océan lâche s'acharne... (4e §).

Les comparaisons interviennent en fin de 4e § pour souligner le passage à l'abstraction et renforcer la dimension symbolique : "il sent qu'il devient abîme", "il semble que toute cette eau soit de la haine".

C La comparaison centrale explicite (chantier = forge) fonctionne sur l'ensemble du texte de façon métaphorique (chantier = enfer) : "La vision du Bonheur des Dames flambant au fond des ténèbres, comme une forge colossale, où se forgeait leur ruine".

Trois réseaux structurent le texte et assurent le passage au fantastique :

Mouvement	Sons	Couleurs
Le branle ne cessa plus N'arrêtaient pas... continuellement... secoués... jetaient... agrandi... grouillait... les profils gesticulaient...	sifflaient... clameur... les bruits se changeaient en cauchemar... deux heures du matin sonnaient, puis trois heures ouvriers retentissants...	nuit... ténèbres... rayons bleus d'une intensité aveuglante... clarté lunaire... ombres noires... blancheur crue...

D Le texte oppose le printemps, source de vie, à l'automne, image de maladie, à travers métaphores et comparaisons.

	Comparaisons	Métaphores
Printemps = vie	comme au bout de fils invisibles...	flamber... saigner... rayonner... frétiller...
Automne = maladie	comme une pluie triste à pleurer...	maigreur grelottante... grêle...

E Une comparaison entre le bateau de pêche et un animal : "un bruit pareil au beuglement d'une bête sauvage" se développe ensuite métaphoriquement (un autre beuglement, le cri, les beuglements de sa trompe...).

Une métaphore isolée : "les impalpables mousselines blanches... tendues dans l'air".

F La mer est l'objet de 3 comparaisons :

- "comme la veilleuse des petits enfants" (1er §).
- comme l'âme ("comme elle", 2e §).
- "comme la musique" (2e §).

Les trois comparaisons se développent à travers quatre réseaux sémantiques :

- réseau de la lumière (nuit, veilleuse, reflets, briller, rayonne, lumineux, sombre, noircie, luit, brillante...).
- réseau de la mort (inquiet, s'anéantir, mourir, regretter, souvenir, séparer, relique, plainte, éternelle, se console, s'émeut, tristesse, infinie, brise, destinée, mystère, enfouie...).
- réseau de la fusion (charme, harmonie, doux, se fondre, rejoint, douce, enchante, harmonie intime, confondre...).
- réseau du mouvement (élan, aspiration, mouvement, s'élancer, retomber...).

G Ce bref passage est caractérisé par de multiples jeux sur les signifiés, qui, sans être homogènes, évoquent tous la richesse de la nature.

Comparaisons : "le ciel semblait de glace",
"le soir, tout doux comme une fille près de son amant",
"les flamboyants, comme des sentinelles".

Métaphores : "les fleurs trompettaient",
"saouler l'herbe comme de cris jaunes",
"la Lézarde... menait son concert jaune...,
elle criait... une chanson chaotique",
"l'eau était une aube sans midi",
"le ciel... s'était couvert de brasiers".

A cette luxuriance s'oppose la misère des hommes : "stérile... squelettique... aride... cloué à la charrue".

2.

A Distinguer parmi les assonances et les allitérations

- les effets locaux (à l'intérieur d'un vers) :

vers 1 - "Demain, dès l'aube, à l'heure où blanchit la campagne"

vers 12 - "Un bouquet de houx vert et de bruyère en fleur"

- les effets transversaux (à l'intérieur d'une strophe ou du poème tout entier) :

vers 1 - "à l'heure", v. 4 "demeurer, v. 10 "Honfleur", v. 12 "fleur".

ou encore la paronomase : "à l'heure", "au dehors", "l'or".

Le rythme même des alexandrins renforce les procédés et souligne notamment les répétitions.

Le poème de Victor Hugo se prête bien à un élargissement du travail sur la rime, lieu privilégié des recherches sur le signifiant en prosodie classique. La rime n'est pas seulement retour isolé de sonorités en fin de vers ; elle est insérée dans un réseau d'échos beaucoup plus dense sur l'ensemble du texte. Etudier par exemple les assonances en an/en, en ou, en oi (v. 2 "vois", v. 4 "toi", v. 6 "voir", v. 7 à la rime "croisées", v. 8 "moi", v. 9 "soir", v. 10 "voiles"), les allitérations en p, t, b.

B Le poème de Rimbaud pourrait se prêter à une analyse phonétique intégrale qui ferait ressortir, par delà une apparente cacophonie, une savante utilisation des procédés d'assonances, d'allitérations et de paronomases : le poète entrelace en virtuose, au gré de sa fantaisie, les recherches phoniques, au point de donner la primauté aux jeux sur les signifiants par rapport au signifié même. Par exemple, "colocase" dans la 2e strophe s'impose phonétiquement grâce aux échos sonores qu'il fournit : "colocase" reprend à la fois les allitérations en c et s, et l'assonance en a des vers précédents tout en annonçant l'allitération en l et l'assonance en o de la fin du texte, etc.

Faire rechercher aux élèves d'autres termes qui lui font écho (colonnade, coquillage).

Relever d'autres rapprochements phonétiques : gazon (v. 6) et glaçon (v. 14), ormeaux (v. 6), or (v. 8), orage (v. 10), or, or (v. 15).

Les allitérations en oi et en ou fournissent des pistes fructueuses mais ce ne sont pas les seules ! Aux élèves aussi de "jouer" à se repérer dans ce dédale phonique. Pour les y aider quelques questions :

- Quelles sont les reprises phonétiques du titre Larme ?
- Y a-t-il des termes phonétiquement isolés ? ("Loin" au vers 1 semble être le seul).

C Attirer l'attention sur :

- la disposition graphique,
- l'importance des sons /a/, /k/ et des nasales,
- le rôle des répétitions.

D Le poème d'Apollinaire permet de mettre en évidence l'étroite interdépendance des jeux sur les signifiants et des jeux sur le signifié ; l'effet sonore n'est jamais gratuit, il engendre un effet de sens :

Automne malade et adoré

Tu mourras quand l'ouragan soufflera

Dans les roseraies...

L'allitération en r, les assonances en a, o, ou, an suggèrent ici les râles qui accompagnent l'agonie de la nature.

Réciproquement la métaphore prend appui sur des échos de sonorités :

Le vent et la forêt qui pleurent
Toutes leurs larmes en automne feuille à feuille...

Le mot "larme", qui reprend la métaphore "qui pleurent", relève au plan phonique des éléments dominants dès la lère strophe : l,a,r,m. Le mot "forêt" lui, rappelle "adoré" (vers 1), "roseraie" (vers 3) etc.

Le repérage des assonances et des allitérations, enchâssées ici avec une exceptionnelle virtuosité, peut conduire à une initiation au langage poétique, même s'il est difficile d'envisager en début de seconde d'épuiser l'explication du poème.

Les quatre derniers vers, eux, conduisent évidemment à l'évocation des calligrammes, que suggérait également le texte C .

E La brièveté du texte permet de tendre à l'exhaustivité dans l'identification des assonances, des allitérations et des paronomases, en recourant, au besoin, à l'alphabet phonétique.

On notera en particulier les allitérations :

sur, soeur, passante, suave, persévérance
volet, visage, suave, persévérance
chaleur, blanche

et les assonances :

visage, disant
visage, chaleur, passante, suave
chaleur, soeur
blanche, passante, persévérance...

Suave est au centre d'une double paronomase (soeur/visage) et peut faire penser par paronomase à sueur implicite dans l'idée de chaleur (en même temps que suave reprend le sur du titre).

F Outre les effets locaux (voir texte A) très insistants tant pour les assonances que pour les allitérations, le poème d'Aragon présente des effets de reprise de sonorité qui traversent la strophe :

battoir (v. 1), abattu (v. 3) ;
chant (v. 2), étang (v. 5), temps (v. 6) ;
poitrine (v. 2), étoupe (v. 5), épave (v. 6) ;
laissé (v. 1), dérive (v. 4), étang (v. 5), étoupe (v. 5), épave (v. 6), évanoui (v. 6), etc...

Ce relevé peut s'accompagner de l'identification des réseaux sémantiques : lessive, fil, étoupe/enfoui, abattu, mort/rive, étang, épave, dérive, eau/etc.

G La totalité du texte repose sur des répétitions lancinantes que la version chantée souligne plaisamment. Le jeu sur le signifiant est poussé jusqu'au point où le procédé se parodie lui-même quand on a une redondance mécanique du signifiant indépendamment du signifié (xa va xa va xa).

DU LANGAGE A L'ENONCE

Le chapitre II et les exercices correspondants reprennent un certain nombre de données générales - dont on peut supposer que plusieurs sont déjà connues des élèves. La plupart de ces données sont reprises de façon plus détaillée dans les chapitres suivants (notamment les chapitres III, IV, VI et les diverses fiches qui reviennent sur l'encodage spécifique de l'écrit).

Il nous a paru important de mettre l'accent sur les marques de l'énonciation (exercices 7 à 10) : c'est en effet un aspect essentiel de la compréhension des textes, et notamment des textes argumentatifs, que de savoir identifier et apprécier correctement les indices d'énonciation (T.F., chap. IV).

CORRIGE DES EXERCICES

1.

A : Fonction métalinguistique
B : Fonction référentielle
C : Fonctions référentielle/métalinguistique
D : Fonctions expressive/poétique
E : Fonction impressive
F : Fonctions référentielle/poétique
G : Fonction expressive
H : Fonctions référentielle/poétique
I : Fonction de contact

2.

A : Fonctions impressive/référentielle
B : Fonctions référentielle/poétique
C : Fonctions expressive/impressive/référentielle/poétique
D : Fonctions expressive/référentielle/poétique/impressive
E : Fonctions impressive/référentielle

3.

A : Fonction référentielle
B : Fonction expressive
C : Fonctions poétique/expressive
D : Fonction métalinguistique
E : Fonction poétique
F : Fonction métalinguistique

4. (cf Techniques du Français, p. 17).

A : Référent
B : Référent
C : Emetteur
D : Emetteur
E : Emetteur
F : Récepteur

5.

A : Compétence culturelle du récepteur
B : Compétence linguistique de l'émetteur
C : Compétence culturelle et linguistique du récepteur
D : Compétence culturelle du récepteur
E : Compétence linguistique de l'émetteur

6.

A Les résidences secondaires posent un problème dans une commune : il n'y a plus de vie vraiment locale quand on passe de 7 ou 8 habitants l'hiver à 100 ou 200 l'été. Certaines communes de l'arrière-pays essaient de réagir pour garder leur caractère régional. Pour cela, il faut avoir une stratégie touristique, développer une forme de tourisme vert qui soit maîtrisée par les habitants. Encore faut-il qu'il y en ait encore suffisamment ! Mais bien souvent ce n'est plus le cas : il y a des communes où 80 % des maisons sont des résidences secondaires. C'est un chiffre impressionnant.

(Transformations essentielles : suppression des répétitions ; réagencement syntaxique ; suppression des termes destinés à paintenir le contact.)

B Quand j'étais petite fille, je voyais passer des Montessonniers, c'est-à-dire des maraîchers de Montesson et Croissy. C'était à l'époque une région rurale. Ces maraîchers travaillaient toute la journée et le soir chargeaient les légumes, qui avaient été nettoyés, pour les transporter aux Halles. A partir de huit heures moins le quart ils commençaient à passer. Les chevaux marchaient au pas parce que les voitures maraîchères étaient lourdes. C'était le cheval qui menait la voiture ; il connaissait le chemin par coeur. L'homme était allongé, les guides à la main, en travers de la voiture ; il mangeait souvent un casse-croûte. Car les maraîchers travaillaient le jour, roulaient la nuit pour aller aux Halles et reprenaient le travail au retour. Certaines voitures étaient en mauvais état ; il dépassait parfois une carotte ou un navet que l'on allait cueillir. Comme il n'y avait pas d'autos, on pouvait jouer dans la rue au ballon, au diable, à la corde, au cerceau, sans risque d'être accidenté.

7.

- Marques directes :

  . marques de l'émetteur : "Je vais vous dire, moi, plus ça va plus j'y crois... je commence même à penser... je ne sais pas... je vous parle... j'ignore... on se dirait... une attachée de presse de mes amies...".

  . références déictiques : "A Paris... ici... en ce moment... ces trois journalistes...".

- Marques indirectes :

  . la "fameuse" différence

  . les changements de registre de langue : recours à l'argot ("les mecs... un type vraiment super... bouffer du noir... la tire...") ou au contraire recherche du vocabulaire ("atavique") ou de la métaphore ("les mâles de race caucasienne croisant dans la jungle des villes").

  . citations (le "singe nu")

  . ironie des deux anecdotes.

8. A l'absence de marques de l'émetteur dans l'article du Matin (récit à la 3e personne, emploi du présent, absence de modalisations) s'opposent dans Le Figaro de nombreuses marques :

- emploi du conditionnel modalisateur dans le titre.
- incises comme "c'est ce qu'affirmait hier le beau-fils d'A. Sakharov" "selon M. Semionov".
- référence à l'émetteur donnée par la signature (A.F.P.).

9. A la neutralité classique du bulletin météo paru dans Le Monde s'oppose l'omniprésence de l'émetteur dans Libération. Il envahit le texte dans les 3 premiers §, qui sont des digressions. Relever notamment la présence du "je", voire du "moi, je", la signature (qui fait du bulletin météo un article), les multiples marques indirectes (allusions, connivences culturelles, jeu sur les registres de langue).

Même le dernier §, qui est un retour à la météorologie, laisse paraître la présence de l'émetteur ("Nuages sans frontière... meilleur, c'est sûr").

10.

A Enonciation saturée de subjectivité ; l'apport d'informations proprement dit est presque nul. L'énoncé est composé tout entier de termes valorisants ("summum de l'opéra") ou dévalorisants ("bellâtre, mélo"). Les alliances de termes à valeur contradictoire ("légendaire mélo") rendent pour le moins ambigu et sans doute ironique le jugement final ("incontournable").

B Propose un peu plus d'informations que le précédent (thème, valeur esthétique, interprétation...) mais presque toutes accompagnées de jugements de valeur positifs (surtout dans les adjectifs : "somptueux, tragique, grand, superbe, coloré, inoubliable, remarquable, grand...").

C Dissocie dans sa présentation les éléments d'information (fiche technique, genre, histoire) et la partie critique ("ce que j'en pense").

Cela n'empêche pas la partie critique de contenir, mêlées aux jugements de valeur ("magnifiques scènes d'exposition...") des informations à l'état brut. Inversement, la partie apparemment plus objective n'est pas exempte de jugements subjectifs (ainsi le choix de classer le film dans le genre "drame passionnel").

D La quatrième fiche de présentation est extraite d'une revue destinée aux animateurs de ciné-club, ce qui explique la précision de la fiche technique (à noter tout de même une durée différente de celle qu'annonçaient les autres présentations : limites de l'objectivité !).

Paradoxalement, la partie intitulée "le film" est la plus marquée par des jugements de valeur éminemment subjectifs puisqu'ils font intervenir non seulement des critères esthétiques mais aussi la libido de l'auteur de l'article (qu'est-ce au juste qu'un film (férocement) mâle ?) !

LES DIFFERENTS TYPES DE TEXTES

On trouvera en bibliographie les références de plusieurs études sur la lecture. On peut en retenir notamment une idée essentielle : lire, ce n'est pas suivre passivement un texte, ligne à ligne ou phrase après phrase. C'est au contraire prendre en compte l'ensemble de celui-ci, saisir sa cohérence globale. Cette cohérence spécifique de l'écrit, c'est celle qu'étudie la "grammaire textuelle", analysant des phénomènes linguistiques qui s'expliquent, non au niveau de la phrase isolée, mais au niveau de cet enchaînement de phrases qu'est le texte (cf T.F., chapitre II et fiches).

Lire, c'est aussi, plus profondément encore, prendre appui sur des connaissances antérieurement acquises pour formuler, face à un texte nouveau, des hypothèses d'interprétation que la lecture viendra infirmer ou confirmer. Le texte est lu en fonction d'une attente préalable ; celle-ci met en jeu des compétences diverses (idéologiques, culturelles, linguistiques...) qui guident la lecture. Développer ces compétences, aider les élèves à formuler des hypothèses de lecture correctes, cela constitue donc un objectif pédagogique essentiel.

Ces hypothèses de lecture consistent notamment à rattacher le texte à des "classes de textes" déjà connues et caractérisées par des modes de fonctionnement spécifiques. Il nous a semblé particulièrement important d'habituer les élèves à reconnaître ces quatre types de textes qu'on qualifie de textes narratif, descriptif, argumentatif, ou texte d'exposition. Certes, il existe bien d'autres façons de classer les textes : par exemple, la tradition littéraire propose des découpages en genres, et la linguistique elle-même établit diverses typologies (fondées par exemple sur des repères énonciatifs, comme la distinction entre récit et discours décrite par Benveniste (cf Fiche 1). Mais celle que nous avons utilisée dans le chapitre III nous semble particulièrement utile sur le plan pédagogique. D'une part, elle a déjà été introduite dans plusieurs manuels de premier cycle ainsi que dans les nouveaux programmes de seconde (B.O. spécial, n° 1 du 5.2.1987). D'autre part, elle permet de prendre appui sur des connaissances déjà acquises par les élèves, habitués dès le collège à étudier et produire des descriptions ou des narrations : il nous a paru possible de leur montrer que les textes d'argumentation ou d'exposition, qu'ils auront à travailler davantage dans le second cycle, peuvent être analysés selon des principes identiques.

Les textes proposés dans les divers exercices peuvent être l'occasion d'étudier plus en détail les caractéristiques de chaque type de texte, mais aussi de montrer qu'un même texte peut participer de types différents. Le chapitre IV revient de façon plus approfondie sur le texte argumentatif.

CORRIGE DES EXERCICES

1 La vie de château

Texte argumentatif : Le 1er § oppose explicitement deux thèses entre lesquelles l'auteur choisit clairement. Remarquer les termes fortement dépréciatifs qui accompagnent (1er §) l'énoncé de la thèse refusée, et les termes valorisants ("majestueuse, douce...") qui renforcent la formulation de la thèse proposée : le voyage devient plaisir esthétique et culturel : "apprécier... le jardin de la France".

A partir du 2e §, la dimension argumentative se fait beaucoup plus discrète, au point que les quatre derniers § pourraient, s'ils étaient isolés, être lus comme un texte d'exposition.

2. Ces quatre textes présentent les éléments constants et obligés de la description d'une île : falaise - végétation - côte, tels que les découvrent les naufragés (textes A - B - C) ou des voyageurs (texte D). Toutefois, par delà les constantes qui rattachent clairement ces textes au type descriptif, il peut être pédagogiquement fructueux de mettre l'accent sur les différences d'organisation de ces passages. Or, si la description interrompt le cours d'un récit, elle y est étroitement insérée. Même sans connaissance du contexte de ces extraits (qui peuvent d'ailleurs être incitation à la lecture), il est aisément remarquable que le principe organisateur de la description y est toujours le regard du ou des personnages. Quelle que soit la technique narrative utilisée - récit à la 3e personne (texte A - B - C) ou à la 1ère personne (D) -, que le récit soit fiction (A - B - C) ou document (D), la "présence" du/des personnage(s) justifie l'existence de la description en créant un "effet de réel" et autorise son développement à partir du point fixe que détermine la situation du/des spectateur(s).

Bien entendu, la connaissance du contexte permettrait de montrer avec beaucoup plus de finesse le rôle de la description dans l'agencement du récit en relevant les indices narratifs dont elle est porteuse (A = métaphores militaires annonçant la montée de la violence dans le roman ; B = immensité et solitude propices à l'édification d'une société nouvelle ; C = importance des marécages dans la régression ultérieure de Robinson ; D = thème de la bonne nature dans ce récit de voyage auquel Diderot apportera un célèbre Supplément).

A L'île est décrite par le regard collectif des jeunes naufragés (désignés par la 3e personne du pluriel): "du côté où ils se tenaient... derrière eux... devant eux... leur île... leur faisait face".

- Organisation de la description :

  . description d'ensemble vue en plongée, de haut en bas : "la forme d'un bateau... ramassée sur elle-même... elle dévalait derrière eux...".

  . travelling : "des deux côtés... devant... en bas... à l'autre bout..."

  . élargissement final : "au-delà de leur île... une autre île...".

- Une description très métaphorique (île — bateau — animal : "ramassée sur elle-même, dévalait, s'étirait" — forteresse).

  . très colorée (vert/rose, quasiment idyllique)

  . alternant statique et dynamique, lignes horizontales et verticales.

B Ce texte reprend un procédé très fréquent dans les romans du 19e siècle : la situation élevée du personnage lui permet un regard panoramique (1er §).

- Organisation de la description :

Le regard se déplace, d'abord de haut en bas ("à ses pieds") puis vers le lointain, suivant le canal aperçu (2e §). Ensuite vers le Nord : vision d'ensemble, puis plus détaillée, de la végétation et du relief (3e §). Enfin vers l'Est, de bas en haut en suivant le relief (4e §). Le dernier § est une conclusion : "la contrée paraissait totalement déserte".

- Trois caractéristiques :

. L'abondance des pluriels ("bras, linéaments, îles et îlots, prairies, torrents..." etc) : c'est tout un monde inhabité qui se découvre au regard du héros.

. L'impression d'infini ("à perte de vue... interminablement... se perdre..." etc).

. Un paysage tourmenté, qui forme un tableau complexe ("qui dentelaient ... capricieusement dessiné... échancraient... semis... zébrées..." etc).

C L'insertion dans la trame narrative est fortement marquée en ouverture et en clôture du passage ("Cependant que Robinson se faisait ce triste raisonnement... la Virginie, empalée sur son gros ventre").

La brève description est faite par le regard du naufragé, non sans quelque difficulté d'accommodation au sens optique du terme : "paraissait... on voyait ... paraissait... distinguait...". L'organisation suit les repères spatiaux habituels : la partie occidentale, le levant, le Nord décomposé en Nord-Est et Nord-Ouest. Le paysage est horizontal pour l'essentiel, à l'exception de la falaise à l'Ouest et des récifs responsables du naufrage. Il n'y a pas de frontière nette entre la terre et l'eau : "prairie très irriguée qui dégénérait en marécages... côte laguneuse...".

Une explication littéraire du passage ne pourrait négliger la féminisation de l'île - essentielle dans la suite du roman - (de "l'épaisse toison" de la forêt tropicale jusqu'aux "dunes blondes") et rechercherait sans doute une interprétation psychanalytique à cette "Virginie, empalée sur son gros ventre"...

D Description très différente des trois précédentes, puisque dans ce récit authentique de voyage l'île est vue de la mer par les voyageurs à la recherche d'un mouillage.

Le déplacement des voyageurs autorise le travelling latéral qui organise l'ensemble de la description ("L'aspect de cette côte nous offrait le plus riant spectacle... à peine en crûmes-nous nos yeux... on l'eût pris de loin... nous apercevions... comme nous prolongions la côte, nos yeux furent frappés de la vue...").

Ce travelling suit les deux niveaux de la côte "élevée en amphithéâtre" : "les bords de la mer" et le "pays haut". Il est interrompu par des mouvements verticaux : de bas en haut ("un pic... diminuait de grosseur en montant") ou de haut en bas ("une belle cascade qui s'élançait du haut des montagnes").

Cette île paradisiaque ("riant spectacle, beau lieu") à la végétation luxuriante est habitée, mais paradoxalement inabordable malgré l'envie des navigateurs.

3.

A Texte d'exposition : transmission d'une série d'informations historiques sur la vie de l'enfant en Gaule.

Le thème donné dans la deuxième phrase (représentation de l'enfant à tous les âges de sa croissance) est ensuite "éclaté" (voir Fiche 1, T.F., p. 145-48) : "le poupon... dans son berceau... parfois".

B Texte d'argumentation d'une pédiatre favorable à la succion du pouce.

- La thèse est posée avec beaucoup de clarté au début du 2e paragraphe : "La succion du pouce est à la fois besoin, satisfaction et bien-être... C'est le moyen le plus simple et ayant le moins d'inconvénients pour satisfaire ce besoin impératif de succion".

- Les 2e et 3e paragraphes défendent cette thèse contre ses "adversaires" en une sorte de dialogue. Le 2e paragraphe présente les avantages matériels du pouce au regard de la pédiatrie moderne et rappelle en la présentant littéralement comme dépassée, datée ("il y a 50 ans") la thèse ancienne qui condamnait la succion et la réprimait par diverses pratiques. De même le 3e paragraphe aborde l'aspect psychologique de la succion du pouce en repoussant les excès d'une interprétation psychanalytique : "aussi combien me paraît abusif".

- Le dernier paragraphe retrouve le ton neutre de l'exposé scientifique qui était déjà celui du paragraphe introductif : "à partir de la fin de la 1ère année" reprend "dès les premiers jours". Mais la notion de "ration" qu'il aborde ne se comprend que par rapport à la thèse d'ensemble de texte : la succion du pouce correspond à un besoin impératif.

C Texte descriptif :

- Comme le portrait de Cosette cité dans le manuel (texte 4, p. 35), le portrait de Madeleine se développe par énumération de parties du corps humain : "yeux... peau... cheveux... yeux... joues... bras... poitrine", qualifiées chacune par un adjectif se rattachant au champ lexical de la maladie : "malingre,... pâles... blanche... délicat... rares... caves... creuses... amaigris... étroite".

- Comme il est fréquent chez Balzac, ce portrait est caractérisé par de nombreuses comparaisons et métaphores : "comme une porcelaine,... aussi délicat que l'est une plante venue en serre... l'attitude d'un saule pleureur... vous eussiez dit d'une petite Bohémienne".

L'ensemble de ces éléments converge pour donner de l'enfant une double impression de fragilité physique et de force morale.

- Le portrait, quoique "arrêt sur image", a très manifestement ici une fonction à l'intérieur du roman dont il est extrait.

La menace de mort qui plane sur l'enfant est soulignée avec insistance : "n'aurait sans doute pas vécu..., un débat entre la vie et la mort...".

En outre, Balzac utilise la description de l'enfant pour mettre l'accent sur les relations de Madeleine avec sa mère et l'interdépendance des deux personnages : "les soins de sa mère qui semblait la couver..., pour éviter des chagrins à sa mère..., quoiqu'elle ne rappelât en rien sa mère, Madeleine paraissait en avoir l'âme et cette âme la soutenait".

Or ces données sont fondamentales pour le déroulement narratif ultérieur.

D Texte argumentatif :

L'ensemble du texte fonctionne comme une argumentation favorable au rôle de l'école maternelle dans l'éducation des enfants. A la question initiale ("A quel âge peut-on commencer à confier un enfant à l'école maternelle ?"), le texte apporte une série de réponses balancées qui pèsent scientifiquement les avantages et les inconvénients des diverses solutions envisagées : le Dr Spock ne se présente pas comme un inconditionnel partisan de la fréquentation de l'école maternelle, surtout lorsqu'elle est précoce, et il s'efforce de prendre en compte les objections possible à sa thèse pour nuancer son point de vue.

- 1er paragraphe (cas général) : "la plupart des jardins d'enfants ne peuvent être fréquentés qu'à partir de 3 ans". La position de "certaines personnes" et "certaines mamans" est qualifiée d'"erreur". C'est dans ce paragraphe que la dimension argumentative est la plus franchement marquée.
- paragraphes 2, 3, 4 : la fréquentation de l'école maternelle à partir de 2 ans est soumise par Spock à des conditions d'organisation (2e §) et à des conditions psychologiques (3e §) chez l'enfant ainsi que physiologiques (4e §). Sans que le point de vue du médecin américain soit explicité, l'abondance des restrictions laisse entendre qu'il n'est guère favorable à la présence des enfants de 2 ans à la maternelle.
- paragraphes 5, 6, 7 : Les problèmes de rhume et de fatigue sont ici abordés et relativisés dans une démarche similaire à celle du 1er § - quoique moins explicite.

E Texte argumentatif :

- A première lecture, le poème de Baudelaire est composé par la succession de deux éléments :

. § 1 et 2 : texte argumentatif en faveur d'un "divertissement innocent" ; "faites hommage aux enfants inconnus et pauvres que vous rencontrerez... de petites inventions à un sol". Emetteur et récepteur sont directement présents ; le futur a une valeur injonctive très forte.

. § 3 à 8 : texte descriptif entièrement à l'imparfait. La scène présentée est la rencontre de deux enfants, l'un riche et l'autre pauvre, autour d'un jouet inattendu. La dynamique du passage est donnée uniquement par la modification des "cadrages" sur la scène : "sur une route, derrière la grille... se tenait un enfant... à côté de lui... de l'autre côté de la grille..." etc.

Ces effets de cadrage habilement ménagés par de nombreux repères spatiaux retardent au maximum l'identification du "joujou du pauvre" comme étant "un rat vivant". Mais Baudelaire ne cherche pas seulement à créer la surprise !

- Une lecture plus attentive fait en effet ressortir l'unité du texte et sa portée argumentative d'ensemble.

La 2e partie, beaucoup plus qu'une description, fonctionne comme un apologue dont la dimension symbolique est constamment soulignée. Chacun des personnages, d'abord décrit dans sa spécificité, est immédiatement intégré dans une catégorie sociale qu'il représente tout entière : "un enfant beau et frais, habillé de ces vêtements... ces enfants-là..." ; "un autre enfant... un de ces marmots...". Séparés par des barreaux explicitement qualifiés de "symboliques", l'enfant pauvre et l'enfant riche jouent ensemble "fraternellement".

Certes, le "je" initial du texte a disparu, ainsi que le "vous" auquel il s'adressait. Mais l'émetteur est bien présent dans ces généralisations systématiques comme dans le choix des cadrages successifs. Les commentaires qui accompagnent la description, la métaphore du 6e §, les italiques qui soulignent l'importance de l'adjectif "égale" dans la dernière phrase sont autant de marques de l'orientation que Baudelaire entend donner à cette "fable". Le lecteur est amené à dépasser l'apparence et à reconnaître "la beauté... sous la répugnante patine de la misère", la même blancheur, la même nature dans ces deux mondes séparés.

La portée argumentative de l'apologue vient ainsi renforcer le message explicite de la 1ère partie : le "divertissement innocent" prôné par Baudelaire n'est pas seulement un geste de charité mais bien un acte de foi en l'homme par-delà les diversité sociales.

4. Les deux amis

En fait la fable fonctionne comme un texte argumentatif dont la thèse est donnée dans les derniers vers. La narration des 21 premiers vers a statut d'exemple illustrant a priori la thèse finale. La dimension argumentative est donnée dès le v. 1 ("deux vrais amis") ; la portée générale de l'exemple est soulignée par les vers 3 et 4.

5. L'enfant de Bohême

Texte argumentatif. Le critique entreprend de réhabiliter le compositeur méconnu que lui semble être Gluck. Le 1er § oppose d'ailleurs très nettement les qualités de celui-ci et l'ignorance dans laquelle il est tenu. Le 2e § présente l'homme, sa franchise et son sens des affaires ; le 3e § rappelle sa vie et son oeuvre dont "une demi-douzaine de chefs-d'oeuvre" : description et narration sont ici mises au service de l'argumentation. Le dernier § est essentiel pour la thèse défendue, puisque, reprenant le thème de la 2e phrase du texte, il montre en Gluck "un compositeur qui est à l'origine de l'opéra moderne".

6. La vieillesse

Texte argumentatif. Certes la thèse n'est pas formulée explicitement, mais S. de Beauvoir ne se contente pas d'exposer la situation des vieillards : elle argumente contre "l'attitude des adultes" et dénonce vigoureusement son hypocrisie. On peut relever les termes manifestant sa réprobation : "duplicité... sournoise... tyrannise... manoeuvre..." etc.

7. Discovery

Texte argumentatif dont la thèse est donnée dans le 1er § : l'espace fera des victimes. L'argumentation se développe d'abord abstraitement, par comparaison avec l'automobile et l'aéronautique. Le récit très détaillé (§ 7 à 14) de l'incident survenu à la navette spatiale vient illustrer la thèse proposée, comme l'indique la phrase d'introduction : "l'analyse de la situation... révélatrice". Ce long passage narratif a donc fonction d'argument favorable à la thèse de l'auteur.

COMPRENDRE UN TEXTE ARGUMENTATIF

Les exercices proposés reprennent les différents points abordés dans le chapitre, à l'exception de la question du développement des arguments qui est reprise dans le chapitre VII.

On remarquera que, selon les stratégies argumentatives utilisées par les auteurs, il convient de s'appuyer plutôt sur tel ou tel type d'indices (cf Techniques du Français, p. 59).

Cette notion de stratégie argumentative est peu développée dans le livre de l'élève, qui, par souci de simplification, met surtout l'accent sur les caractéristiques communes à tous les textes argumentatifs (cf cependant Techniques du Français, p. 59 et chapitre III, p. 41-42).

Mais il est facile, en comparant des textes (par exemple ceux des exercices 7 et 8), de montrer comment le choix d'une stratégie argumentative débouche sur des organisations textuelles diverses. A l'intérieur même du type de texte argumentatif, on pourrait donc distinguer et analyser des "modèles argumentatifs" : à titre d'exemple, nous proposons en document complémentaire l'étude détaillée d'un article d'E. Badinter (cf T.F., p. 107).

On trouvera également, en document complémentaire, le texte complet de l'article des artistes contre la Tour Eiffel, paru dans Le Temps du 14 février 1887, ainsi que la réponse de Gustave Eiffel (textes publiés dans Le Monde du 22 février 1987).

Sauf indications contraires, les références données dans les corrigés renvoient aux paragraphes des textes étudiés.

CORRIGE DES EXERCICES

1. Le texte de R. Sue est faiblement argumentatif et paraît souvent proche du texte d'exposition. On peut toutefois identifier deux thèses opposées, en s'appuyant notamment sur les oppositions temporelles (hier/demain, tourisme du passé/tourisme du futur).

La thèse proposée est clairement affirmée par l'auteur : le tourisme de demain présentera un certain nombre de caractéristiques nouvelles (tourisme de proximité, tourisme actif, tourisme d'aventure).

Cette conception s'oppose à celle qui définit le tourisme par le slogan "Sun, Sea, Sand" : thèse refusée notamment dans le 7e §.

L'analyse de certaines tendances déjà perceptibles dans le présent sert d'argumentation en faveur de la thèse proposée.

2. (références aux lignes du texte).

On peut dégager le schéma suivant :

- l. 1 à 8 : Thèse proposée (si l'on peut admettre l'existence d'une hérédité biologique, l'idée d'une hérédité psychologique est beaucoup plus contestable).
- l. 8 à 12 : Le texte pose ensuite la distinction entre l'hérédité proprement dite (qui relève du naturel) et l'héritage (qui relève du culturel), avant de reprendre à trois reprises l'opposition biologique/psychologique pour montrer que, conformément à la thèse proposée, l'idée d'une hérédité, déjà discutable dans le domaine biologique, est inacceptable dans le domaine psychologique.
- l. 12 à 24 : le domaine organique.../... le domaine psychologique.
- l. 24 à 28 : la vie biologique.../... la vie psychologique.
- l. 28 à 40 : chez l'animal.../... chez l'homme.

Le circuit argumentatif se développe donc de façon concentrique en reprenant l'opposition déjà établie dans l'énoncé de la thèse entre biologique et psychologique.

La progression du raisonnement est assurée par la radicalisation des formulations (comparer l. 4 : "rien n'est plus contestable" à l. 40 : "perd toute signification concevable") et par le glissement qui s'opère du couple biologie/psychologie au couple animal/homme.

3. Le travail sur les indices lexicaux est d'autant plus intéressant à propos de ce texte que celui-ci s'organise tout entier autour d'une métaphore médicale : la peur est comparable à une épidémie, une maladie (cf les nombreux noms de maladie épars dans le texte).

Cette métaphore gouverne l'organisation globale du texte : celui-ci s'interroge sur la maladie et recherche un diagnostic (1er §) ; il décrit ensuite les symptômes (2e et 3e §) et l'évolution du mal ; les 4e et 5e § décrivent les remèdes.

Le texte puise abondamment dans le champ lexical du vocabulaire médical (accable (1er §) ; atteint, souffrons, traumatisés, médecin, cirrhose, vomissons, écoeurés... (2e §) ; paralysés, cancer (3e §) ; comment s'en tirer, guéris, remède (4e §)...).

Un champ lexical secondaire fait référence à l'oeuvre de l'écrivain, opposant lui aussi la maladie et l'impuissance (l'écrivain devant la page blanche, 3e §) à la guérison par l'action et la création (4e §).

4. On relève facilement dans ce texte des champs lexicaux contradictoires.

. Ainsi les quatre premiers § opposent très nettement la science à la littérature, selon un rapport qui est posé dès la première phrase (la littérature étant constamment dévalorisée par rapport à la science) :

Science	Littérature
qualités scientifiques (netteté, logique, probité) souci de la connaissance totalité du monde culture scientifique	préciosité formelle souci esthétique étroitesse de vision confinement de leurs préoccupations regrettables bévues ignorance présomptueuse confusionnisme ridicule

A noter que la fin du 3e §, où Rostand, ironiquement, fait parler au style indirect libre les tenants de la thèse refusée, reprend ces oppositions en inversant très logiquement les valeurs : c'est cette fois le champ du scientifique qui est déprécié :

Science	Littérature
lourdauds essoufflés à bout d'expériences	flair intuition antennes de prime saut

. Les 6e et 7e § reposent sur l'opposition, à l'intérieur de la science, entre le champ lexical de la richesse spirituelle et celui de la misère matérielle :

richesse spirituelle	misère matérielle
si haut métier et si bénéfique affaire d'âme vocations scientifiques	insuffisance dérisoire des moyens matériels piètre encouragement raréfaction des chercheurs misère des laboratoires futilité collective

. Le 8e § oppose au champ lexical de la science celui des variétés :

Science	Variétés
Bataillon grand savant laboratoires sauveur antibiotiques	Mistinguett fox-terrier de vedette studio de cinéma amuseur chanteur de charme

Au niveau énonciatif, on remarquera que la dynamique argumentative du texte repose sur un double mouvement de valorisation croissante du champ de la science (on voit notamment se multiplier les métaphores religieuses : "atmosphère spirituelle, bénéfique à leur prochain, affaire d'âme, vocations scientifiques, Panthéon...") et de dévalorisation inverse du champ des arts : de la littérature on "tombe" au niveau des variétés et de Claudel à Mistinguett...

Argumenter pour la thèse proposée (il faut reconnaître à sa juste valeur le rôle de la science) consiste ici à la fois à valoriser le champ lexical correspondant et à dévaloriser ce qui s'y oppose.

L'analyse des pronoms met en évidence une dynamique parallèle et complémentaire : au je et au vous distincts des premières lignes succède un nous englobant dans la 2e partie du texte (à partir du 5e §). Ce nous, par delà la communauté scientifique à laquelle s'adresse Rostand (valeur déictique du pronom), vise bien sûr à s'associer à la thèse proposée l'ensemble des récepteurs potentiels du texte.

5. . Les nombreux termes dépréciatifs (entre parenthèses dans le texte) renvoient tous, pour la discréditer, à la théorie du progrès et à ses tenants.

Cette thèse refusée (la croyance au progrès) est également dévalorisée par association avec un champ lexical qui rassemble des métaphores suggérant l'idée d'obscurité ou de fausse lumière : s'opposent ainsi à la volonté de "voir clair" des termes comme "fanal obscur, lanterne, ténèbres (2 fois), fanal perfide, électricité et éclairage au gaz, allumettes chimiques...". Autre champ lexical dévalorisant, celui de l'"enfer" et des supplices qu'il évoque ("torture, cercle de feu").

La croyance au progrès naît de la confusion entre le domaine matériel ("le progrès technique") et le domaine spirituel. Les termes soulignés dans le texte correspondent à cette distinction établie par Baudelaire entre l'ordre matériel et l'ordre spirituel, le monde physique et le monde moral, le naturel et le surnaturel, et associent à l'ordre spirituel un certain nombre de valeurs : devoir, responsabilité, volonté, amour du beau, art, savoir, force imaginative...

. La thèse de Baudelaire est définie dans les premières lignes du texte : il faut se garder de l'idée de progrès.

Le 1er § expose ensuite les dangers de cette croyance au progrès (argument 1).

Le 2e § explique cette erreur par la confusion avec le progrès matériel (argument 2).

Le 3e § montre d'abord que, s'il peut y avoir des progrès ponctuels aussi bien dans l'ordre matériel que dans l'ordre spirituel, il ne peut y avoir de croyance au progrès en général, conçu "sous la forme d'une série indéfinie". Il montre ensuite que - si même il existait - un tel progrès indéfini serait sans doute plus négatif que positif (arguments 3 et 4).

6. . On peut présenter les principales étapes du circuit argumentatif de la façon suivante :

- les deux 1ers § situent le champ argumentatif (la généralisation du bruit et le problème de la lutte contre le bruit).
- les § 3, 4 et 5 développent une thèse qui est formulée explicitement à la fin du § 5 : "le problème serait d'adapter l'homme au bruit et non l'inverse". Des indices énonciatifs comme le conditionnel ("serait") indiquent que cette thèse est refusée par M. Crépeau.
- les § 7 à 12 réfutent cette thèse en montrant la possibilité et la nécessité de lutter contre le bruit, à la fois d'un point de vue technique (§ 7 à 9) et d'un point de vue social (§ 10 à 12).

- les § 13 à 17 constituent une 3e étape du circuit argumentatif. M. Crépeau y indique nettement qu'il ne se contente pas de proposer une thèse inverse de la thèse refusée (§ 13). La véritable thèse proposée apparaît alors : une véritable politique du bruit doit "avoir pour ambition un environnement sonore stimulant pour tous".

. Ce texte est particulièrement intéressant à étudier du point de vue des indices d'organisation.

- les transitions entre les principales étapes du circuit argumentatif sont marquées par des § de transition très explicites (§ 6 et 13).

- à l'intérieur même de chaque étape du circuit argumentatif, le texte propose de nombreux connecteurs articulant entre eux des arguments (p. ex. le "de même" qui ouvre le § 10) ou internes à un argument ("réciproquement" au § 7, "mais" au § 8, "ce qui explique..." au § 12, etc).

- le découpage typographique est également intéressant : le texte est très découpé, et souvent un § correspond à un argument (§ 3 p. ex.) ; le § 9 isole même les deux exemples qui pourtant font partie de l'argument proposé dans le § précédent.

. On pourra aussi étudier la façon dont s'agencent des arguments se rattachant à des thèses opposées. On voit bien apparaître à cet égard le rôle de la concession dans les textes argumentatifs.

- Ainsi dans le § 8 :

"bien sûr, une nouvelle technologie... mais il faut alors...".

ou dans le § 10 :

"d'aucuns pensent... ces affirmations doivent être accueillies avec prudence...".

- Dans les deux exemples qui précèdent, l'objection éventuelle est reprise explicitement sous forme concessive. On notera que, dans la dernière partie du texte, qui expose la thèse proposée, les objections éventuelles sont laissées à peu près implicites, et qu'il n'en reste que la tournure concessive :

"bien entendu, seule une action d'ensemble..." (§ 16)
"la tâche n'est pas simple, mais..." (§ 17).

7. Le texte de B. Brécout est bien un texte argumentatif : il défend une thèse, énoncée au début du texte et reprise à la fin, selon laquelle il y a déclin du rôle du livre chez les adolescents.

Mais, selon une des stratégies argumentatives possibles, B. Brécout présente cette thèse de façon assez neutre, et le texte tend à s'organiser comme un texte de simple exposition (cf Techniques du Français, in chap. III, Les textes argumentatifs).

L'aspect dialogique du texte argumentatif n'apparaît pratiquement pas (seul le 2e §, évoquant le point de vue critique des lycéens sur les textes littéraires, suggère une autre thèse possible que celle de l'auteur).

Peu de marques énonciatives : le texte se présente comme une réglexion menée solidairement par les adultes ("la lecture des adolescents nous échappe", au § 1) sur les adolescents, vus de l'extérieur.

Peu de marques d'organisation logique : plus qu'une argumentation, le texte tend à réaliser une description du problème, une exposition de ses différents aspects. Il suit les règles de progression de l'information et s'organise selon une progression à thème éclaté (cf T.F., fiche 1) :

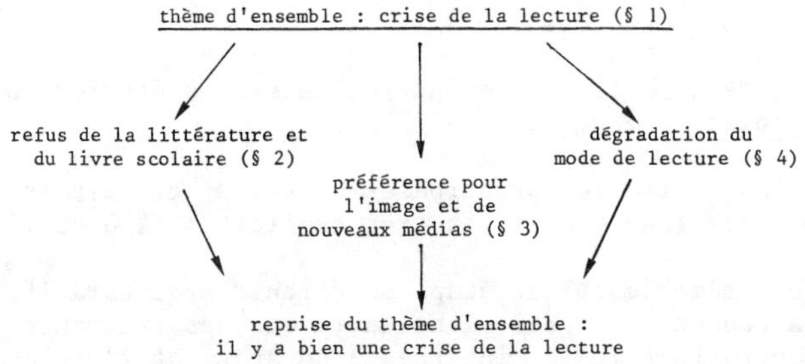

8. Ce texte est beaucoup plus franchement argumentatif que le précédent.

. Les indices énonciatifs sont ici révélateurs : le "nous" de la 1ère ligne semble annoncer, comme dans le texte 7, un regard solidaire des adultes sur le monde des jeunes. Mais la suite du texte montre qu'en fait G. Mendel se désolidarise de ce regard pour affirmer une thèse différente, qui dénonce la condition faite aux jeunes et la marginalisation qui leur est imposée. Les "on" du 2e § permettent, par leur ambiguïté, cette évolution. Si le premier renvoie encore, de façon indéfinie, à des adultes parmi lesquels peut se ranger l'auteur du texte, le 2e ("on construit pour lui...") ne peut plus renvoyer à celui-ci : il a désormais pris ses distances par rapport à ce qu'il appelle, dans le 3e §, "la société adulte". Les marques de cette prise de distance sont d'ailleurs nettes dans le dernier § (p. ex. le conditionnel : "certains sondages feraient apparaître la jeunesse comme passive...".

. Le caractère argumentatif du texte apparaît aussi dans les marques logiques qui lui donnent un caractère de démonstration (cf T.F., in chap. III, Les textes argumentatifs). Le 1er § évoque une question (1ère ligne), le début du 2e § une conséquence, le dernier § débute par un ainsi nettement conclusif.

On notera aussi des expressions comme "cela précisément au moment où... (1er §), "d'où le fait que..." (2e §), "il semble bien que..." (ibid), "qu'est-ce à dire..." (3e §).

. On peut à partir de là présenter ainsi le circuit argumentatif du texte :

- 1er § la jeunesse n'est plus pour les adultes un facteur de confiance en l'avenir mais au contraire un facteur d'insécurité (thèse proposée).

- première partie du 2e § C'est pourquoi les adultes
  - ont peur de la jeunesse
  - ne la comprennent pas
  - la ressentent comme étant de trop.

- deuxième partie du 2e § (introduite par "alors" et le passage à un "on" qui n'englobe plus l'auteur)

  C'est pourquoi la société n'assure plus la socialisation des enfants mais tend à les marginaliser.

- fin du 2e § (à partir de "Il semble bien qu'elle n'ait lieu nulle part...) et 3e §

  Cette marginalisation est dangereuse pour un monde adulte qui croit trop vite à la trompeuse passivité de la jeunesse.

DOCUMENT COMPLEMENTAIRE

Discours éclaté(s) sur la maternité

(Cette étude reprend le texte d'un article paru dans la revue Le Français Aujourd'hui, n° 71, septembre 1985).

Argumenter c'est, par fonction, répondre à un (des) discours d'autrui. Même si la parole de l'autre ne semble pas se faire entendre, parce qu'elle est tactiquement réduite au silence, elle existe virtuellement. Contrairement aux textes narratif et descriptif qui peuvent être univoques, un texte argumentatif n'est jamais un monologue, encore moins un soliloque. Lire un texte argumentatif, ce sera donc s'attendre à ce que s'y expriment plusieurs voix, et être attentif à la façon dont ces voix s'agencent et se répondent, savoir en repérer les traces.

Du dialogue réglé au dialogue éclaté

Ce repérage des voix est facilité quand le texte argumentatif suit dans sa réalisation les modèles rhétoriques traditionnels. Ceux-ci se caractérisent en effet par l'alternance codifiée des points de vue opposés. Il y a bien dialogue, mais entre les différentes parties du texte seulement. Chacune tend à présenter une voix homogène et nettement distincte. Le plan usuel thèse-antithèse-synthèse est l'expression la plus fréquente de ce type de fonctionnement qui canalise -et fige- l'échange verbal : cette façon d'organiser le dialogue comme une succession tranchée d'énoncés en eux-mêmes univoques peut paraître artificielle mais a le mérite de la clarté. La connaissance de ces modèles qui reproduisent fidèlement la structure profonde du texte argumentatif, puisqu'ils mettent en évidence les thèses en présence, informe aisément la lecture des élèves.

Mais tout texte argumentatif n'est pas nécessairement agencé de la sorte. Il existe des types de fonctionnement plus complexes - quoiqu'également conformes à la structure profonde du texte argumentatif : les voix y sont moins nettement délimitées, le dialogue tend à s'y disperser tout au long de l'énoncé.

Corollairement, l'alternance réglée des voix homogènes cesse d'être le principe organisateur du texte. On retrouve dans ces deux tendances du texte argumentatif les deux pôles évoqués par Bakhtine sous le nom de «linéaire» et «pictural». (Cf. T. Todorov, M. Bakhtine, Le principe dialogique, Le Seuil, 1981, p. 108-109).

Dans la mesure où le repérage des voix est plus délicat dans ces textes au fonctionnement plus éclaté, «pictural», ils posent aux élèves un problème de compréhension : comment ne pas se perdre entre les différents points de vue en présence, comment démêler dans l'argumentation ce qui relève de thèses opposées, alors que la réalisation du texte ne coïncide pas avec l'horizon d'attente constitué à travers les moules de la rhétorique traditionnelle ? Les textes qui suivent ce type de fonctionnement - plus difficiles que les précédents- appellent un travail sur l'énonciation particulièrement attentif qui permettra de prendre en compte de nouveaux modèles argumentatifs, très répandus dans les médias. Nous allons esquisser cette démarche de lecture à partir d'un texte d'Élisabeth Badinter, paru dans le Nouvel Observateur, en janvier 1985.

La maternité éclatée

Elisabeth Badinter, Nouvel Observateur, 11 janvier 1985.

1. Concevoir, porter, nourrir, éduquer et instruire, autant de fonctions différentes que nous avons pris l'habitude, depuis le XIXe siècle, d'assigner à une seule personne : la mère. Comme si celle-ci était "naturellement" programmée pour remplir tous ces rôles avec le même bonheur. Dans cette optique, celles qui torturent et tuent leurs enfants ou celles, inrecensables, qui les abandonnent affectivement sont à mettre au compte de la pathologie. Leur rejet dans le camp de l'anormalité rassure et conforte notre idéal de la maternité unifiée. Sans voir qu'il fait obstacle à la compréhension des innombrables défaillances maternelles de toutes celles auxquelles on accorderait pourtant volontier le label "bonne mère".

2. Pourquoi nier l'évidence ? Telle magnifique porteuse peut se révéler une piètre éducatrice ; telle autre, généreuse de son lait, plus tard bien avare de son temps. La maternité est éclatée de facto, et toute femme vit chacune de ces étapes en fonction de ses désirs et de sa structure morale. Et non en obéissant uniquement à je ne sais quel instinct.

3. Bien des civilisations ont connu la maternité éclatée, que ce soit l'Empire romain ou les villes françaises du XVIIIe siècle. Ici, on abandonnait le bébé aussitôt né dans les bras d'une nourrice ; là, on faisait sien par adoption l'enfant qu'une autre avait mis au monde. Aujourd'hui encore, dans certaines îles polynésiennes, il est bien venu qu'une mère offre sa progéniture en cadeau à une autre.

4. Ce bref rappel incite à la prudence. Avant de condamner la dissociation entre mère génétique, mère porteuse et mère éleveuse, il serait souhaitable de prendre conscience de notre propre ancrage historique. Nous réagissons encore pour une part comme les héritiers de l'idéologie du XIXe siècle.

5. Or l'attitude actuelle des femmes montre qu'on est entré dans une autre ère. Non seulement on en revient explicitement à une maternité éclatée - puéricultrices, nourrices, jeunes filles au pair ou maîtresses de maternelle servent souvent de substituts des mères -, mais la science permet aux femmes, pour la première fois dans l'histoire de l'humanité, de n'avoir que les enfants qu'elles désirent et, si elles le veulent, de ne pas en avoir du tout.

6. Pourquoi s'indignerait-on que cette même science permette aux femmes stériles de satisfaire leur désir d'enfant ? Que l'éclatement de la maternité ait lieu entre la conception et la gestation et qu'il intervienne après l'accouchement, qui peut dire si les enfants ainsi traités seront moins équilibrés que ceux qui sont élevés par plusieurs femmes ou tout simplement par une mère unique ? Que sait-on exactement des conditions du bien-être de l'enfant, si changeant selon le temps et l'espace ? En quoi la situation des enfants portés par l'une et élevés par l'autre diffère-t-elle de celle des enfants adoptés ? Et qui oserait affirmer que ces derniers constituent l'essentiel de la clientèle des "psy" ? L'enfant adopté n'est pas plus voué à la névrose que celui élevé par la mère de sang n'est certain d'être un adulte équilibré.

7. Les neuf mois de symbiose entre la mère et son foetus - dont nul ne méconnaît l'importance - ne peuvent constituer une garantie suffisante du bien-être ultérieur de l'enfant. En effet, si une grossesse mal vécue par la mère peut compromettre l'avenir de son enfant, l'expérience prouve, hélas ! que les liens du ventre ne sont pas un passeport pour les liens du coeur. Entre la mère porteuse et la mère éleveuse - fût-elle la même -, il y a toujours un hiatus. Celui-ci se mesure à l'écart plus ou moins ressenti entre l'enfant imaginaire et l'enfant réel. Là aussi peuvent se nouer des drames que pédiatres et psychologues n'ignorent pas. Dans ce cas, la mère de sang parvient mal à relier les étapes du nourrissage et de l'élevage aux précédentes. Quand la réalité est trop éloignée du fantasme, l'amour peut être empêché de naître.

8. Certains diront encore que ce ne sont là que malheureuses exceptions qui ne peuvent remettre en question le bien-fondé du processus "naturel" de la maternité. Cela est vrai. Mais cessons de croire qu'il est le seul à coup sûr bénéfique pour l'enfant. La preuve est faite que l'on peut engendrer et ne pas savoir aimer, comme à l'inverse on peut adorer un enfant que l'on n'a ni conçu ni porté.

9. Cette vérité devrait faire réfléchir tous ceux qui condamnent a priori les nouvelles formes de maternité dissociées. Les censeurs ont-ils réalisé quelle gifle magistrale ils adressaient à tous les parents adoptifs ?

10. La mère adoptive ne serait qu'une mère de seconde zone ? J'en doute fort. La bonne mère est celle qui élève avec amour, que l'enfant soit ou non du même sang qu'elle. Malheureusement, quelle que soit la femme, le succès maternel n'est pas acquis d'avance. Le bien-être de l'enfant jamais garanti. C'est pourquoi, à trop invoquer ce dernier comme critère de la maternité "convenable", on risque de sombrer dans les plus grandes absurdités. En toute logique, il faudrait exiger des femmes - et des hommes - qui veulent procréer un examen détaillé de leur état physique, moral et psychique, et interdire la conception à toutes celles et ceux qui ne seraient pas conformes à la norme... Quelle chute de notre natalité en perspective ! Pis encore, quelle dangereuse porte ouverte à l'eugénisme !

11. Allons, mieux vaut simplement accepter la maternité telle qu'elle est dans sa complexité, son incertitude et même ses risques. Qu'elle soit ou non éclatée, conforme ou pas à notre idéal, le bonheur n'est jamais sûr. Le malheur non plus, d'ailleurs.

Les thèses en présence sont ici rapidement identifiées : le titre ainsi que la conclusion du texte revendiquent avec force le choix d'E. Badinter en faveur de la maternité éclatée, face aux tenants de la "maternité unifiée" dont l'idéal est évoqué dès le premier paragraphe. Par contre, le développement même de l'argumentation superpose les deux points de vue sans respecter le principe rhétorique de l'alternance des voix.

La voix des autres

La voix des autres est constamment présente dans le texte, mais elle se fait entendre plus ou moins distinctement, parfois clairement identifiable, parfois brouillée.

L'identification est facile chaque fois qu'un mot ou une assertion pourraient être replacés tels quels dans le discours des autres, à la manière d'une citation ou d'un fragment qui serait enchâssé dans le texte d'E. Badinter. Cette intrusion est souvent signalée par des marques qui en favorisent le repérage. On peut citer en exemple l'utilisation d'un mot entre guillemets : "naturellement", "bonne mère" (1er §), "naturel" (8e), "convenable" (10e) ou d'un énoncé fortement marqué comme extérieur au discours de l'argumentateur : "certains diront encore que..." (début 8e §), "la mère adoptive ne serait qu'une mère de seconde zone" (10e). Dans chacun de ces exemples, on peut distinguer l'assertion proprement dite, empruntée au discours d'autrui, et les divers procédés qui permettent de la mettre à distance : conditionnels, modalisations, interrogation rhétorique, etc. Ces marques se cumulent souvent ; ainsi, dans le premier paragraphe, le "comme si" qui ouvre la 2e phrase et les guillemets de "naturellement" incitent à lire le "dans cette optique" qui suit comme une distance supplémentaire suggérant qu'un autre point de vue est possible.

Dans les exemples précédédents, la parole des autres est reprise et signalée comme étrangère et dissonante par rapport au discours de l'argumentateur. Mais il peut aussi se produire que, reprise dans un mouvement concessif, elle soit en harmonie avec celui-ci ; ainsi, au 7e paragraphe les tirets signalent en incise des points de convergence : "dont nul ne méconnaît l'importance", "fût-elle la même" ; il en est de même pour la subordonnée introduite par si : "si une grossesse mal vécue...".

Mais il arrive que les deux voix soient moins clairement distinctes : elles peuvent se mêler, sans que cette interférence soit signalée par des marques explicites et sans qu'il soit possible d'isoler franchement les mots d'autrui à l'intérieur de l'énoncé. Dans les cas extrêmes (et toujours discutables), seule la compétence culturelle du lecteur l'amène à interpréter comme reprise d'un discours autre le choix de tel mot ou expression ; ainsi, à la fin du 10e §, on peut penser que le lecteur du Nouvel Observateur verra se profiler derrière "eugénisme" l'ombre de Hitler et derrière "la chute de notre natalité", l'écho des discours natalistes chers à M. Debré. Pédagogiquement, il est peut-être plus utile (et plus facile ?) d'amener les élèves à démêler la complexité d'énoncés comme ceux que présente le 6e § du texte.

A plusieurs reprises, les voix en présence s'y brouillent ; il faut un travail de paraphrase et d'expansion du texte pour reconstituer le dialogue avec l'autre qui n'émerge que sous une forme plus ou moins elliptique. Si la 5e question ne présente pas de difficulté, puisque l'objection d'autrui y est clairement identifiable ("ces derniers constituent l'essentiel de la clientèle des "psy") et la modalisation très insistante ("qui oserait affirmer que..."), la première question repose, elle, sur un échange qu'il faut partiellement reconstruire ; l'affirmation d'autrui serait quelque chose comme "la science n'a pas à permettre aux femmes stériles de satisfaire leur désir d'enfant". Plus elliptique encore, la troisième question suppose le dialogue suivant : " - Le bien-être de l'enfant exige la stabilité. - Mais les faits montrent que la façon d'élever les enfants varie dans le temps et l'espace (idée reprise du 3e §). Donc nous ne devons pas tenir de discours catégorique sur le bien-être des enfants."

Ces effets de brouillage résultent de la reprise d'éléments empruntés au discours d'autrui - sans que celui-ci prenne jamais son essor argumentatif - à l'intérieur du discours mené par l'argumentateur.

Moi, je...

La voix des autres se fait donc entendre dans de nombreux passages, où nous avons pu l'identifier ponctuellement. Ce travail de repérage local est nécessaire pour parvenir à une compréhension cohérente : il est en effet indispensable que l'élève n'attribue pas à un énonciateur unique des propos qui par là deviendraient contradictoires. Mais il n'est pas suffisant. Le dialogue joue aussi un rôle essentiel dans la dynamique d'ensemble de l'argumentation. Dans le texte d'E. Badinter, cette dynamique repose largement sur la façon dont se dégage progressivement, au fil du texte, la voix propre de l'argumentateur.

Dans un premier temps, la voix de l'argumentateur ne se désolidarise pas du discours dominant (significativement, les sujets grammaticaux sont, dans tout ce début du texte, un "nous" ou un "on" très généraux ; au début du 2e §, c'est l'infinitif qui permet de ne pas préciser qui pourrait "nier l'évidence"). Seul intervient au départ un très discret commentaire "off", en retrait de la voix dominante (1er §). Le seul "je" qui apparaisse relève d'un syntagme figé ("je ne sais quel instinct", à la fin du 2e §).

Ce qui jusqu'au 9e § s'oppose au discours dominant (l'idéal d'une maternité unifiée), ce n'est pas encore la voix d'E. Badinter, mais plus prudemment le discours des faits, de "l'évidence". La maternité est éclatée "de facto" (2e §) : les considérations historiques, ethnographiques, sociologiques, psychiatriques ou médicales qui suivent semblent parler d'elles-mêmes. Cette trompeuse absence de voix est celle qui se donne à entendre lorsque, par tactique, l'argumentateur se retranche derrière les faits (1).

La voix propre de l'argumentateur ne s'affirme que dans le 10e § ("j'en doute fort") : E. Badinter cesse de fondre sa voix dans le discours dominant ; tout au contraire, elle invite les autres à joindre leur voix à la sienne. Apparaît alors un nouveau "nous" à fonction impressive très nette ("cessons de croire...", "allons ..."). L'argumentateur choisit de faire entendre sa voix, non pour argumenter, mais pour enjoindre péremptoirement aux autres de se mettre à son unisson.

---

(1) cf G. Dispaux La logique et le quotidien, éd. de Minuit, 1984, p. 29.

CHAPITRE IV

A travers ces remarques partielles, on voit à quel point le jeu des voix est un élément essentiel de la stratégie argumentative. Si les modèles argumentatifs classiques tendent à clairement distinguer les voix en présentant systématiquement des points de vue autonomes, l'éclatement du dialogue à tous les niveaux du texte permet des glissements stratégiques, des recouvrements de voix qui sont aussi une façon d'argumenter, même si elle est scolairement moins classique. Quels sont les modèles qui la sous-tendent ?

De Socrate à Pivot

Une première hypothèse : le texte est marqué par le modèle du dialogue argumentatif oral, de la conversation. La marque la plus nette est, d'un bout à l'autre, le jeu des questions-réponses. Les modèles, ici, ne manquent pas, surtout si l'on songe qu'E. Badinter est enseignante et philosophe. Le dialogue socratique, la maïeutique donnent bien l'exemple de ce questionnement serré qui permet d'amener l'autre à l'évidence finale d'un accord.

La situation pédagogique classique fonctionne de la même façon : c'est par questions (souvent rhétoriques) que l'enseignant amène peu à peu l'élève à s'incliner devant l'évidence des réalités que le savoir permet d'identifier et d'énumérer. La discrétion avec laquelle, dans le texte d'E. Badinter, le "je" tend à s'effacer peut d'ailleurs être reliée aussi à la tendance scolaire à privilégier des positions énonciatives neutres et abstraites.

Reste que ce modèle est un modèle oral, et qu'à l'écrit, malgré Platon et ses imitateurs, le dialogue n'est pas la forme la plus courante de l'argumentation. Une deuxième hypothèse est alors nécessaire : les médias ont tendance à généraliser, jusque dans la presse écrite, un modèle argumentatif qui est celui du débat radiodiffusé ou télévisé, qui procède par affirmations brèves (et en général d'autant plus péremptoires), se croisant très vite, éventuellement se chevauchant et se superposant car il est difficile d'empêcher les participants à un débat de se couper la parole ou de parler à plusieurs à la fois. Cela exclut bien sûr la possibilité d'exposer de façon construite et argumentée une thèse cohérente. On retrouve clairement ici plusieurs des aspects relevés dans le texte d'E. Badinter.

Une caractéristique importante de ce type de débats est le rôle essentiel du "meneur de jeu". L'importance respective de chaque voix est considérablement minorée par la réduction et l'atomisation des temps de parole. Du coup, chaque instrument perdant de son importance et de son autonomie, le rôle essentiel revient à celui qui organise l'orchestration de l'ensemble. C'est ainsi qu'un "chef d'orchestre" comme B. Pivot finit par ravir la vedette à ses invités, même prestigieux ; l'émission repose moins sur l'aptitude de X ou de Y à s'exprimer que sur celle de B. Pivot à tirer de leurs voix un concert satisfaisant.

Le théâtre argumentatif

De la même façon, la stratégie argumentative organisée par E. Badinter peut se lire comme l'agencement concerté de voix énonciatives rendant possible et efficace l'émergence de sa voix propre. La portée argumentative du texte tient moins à l'exposé d'un avis argumenté qu'à cette orchestration subtile que l'on peut aussi comparer à un art de la mise en scène.

Les analyses que propose Ducrot dans Le dire et le dit (2) fournissent ici des pistes de lecture suggestives.

---

(2) Ed. de Minuit, 1984.

De même que l'auteur d'une pièce de théâtre peut faire entendre la voix de plusieurs personnages, de même le locuteur (d'une argumentation par exemple, et dans ce cas nous avons parlé d'argumentateur) peut faire entendre des voix qui ne sont pas nécessairement la sienne mais qui sont renvoyées à des énonciateurs autres. Le locuteur est en somme le "metteur en scène de la représentation énonciative" (p. 231). Lire le texte, ce sera donc entendre chaque voix mais aussi apprécier l'agencement du tout :

(Une pièce de théâtre) "fait entendre, à côté de la parole que s'adressent les personnages les uns aux autres, une parole de l'auteur au public. Car cette seconde parole, qui constitue le langage théâtral proprement dit, manifeste des choix dont l'expression peut s'étendre sur une très longue durée scénique, et en tout cas déborder largement les répliques des personnages." (p. 176)

Rien d'étonnant à ce que cette "représentation énonciative" joue un rôle essentiel dans le débat médiatique : elle donne à l'argumentation une valeur spectaculaire, puisqu'à l'exposé argumenté d'un point de vue - exercice austère de soliste - tend à se substituer une plus attrayante polyphonie argumentative.

Le look polyphonique : jeux et enjeu

La généralisation dans la presse écrite de ce mode d'argumentation pose de nombreux problèmes, à la fois techniques et idéologiques, auxquels le professeur de français ne peut pas rester indifférent puisque l'exercice de résumé, notamment, emprunte très souvent à ce type de textes.

D'un point de vue technique, le problème majeur de ce type d'argumentation est qu'elle risque sans cesse la dispersion. Alors que les modèles rhétoriques traditionnels amenaient à rassembler les arguments autour de thèses cohérentes, et exerçaient donc une action centripète, le modèle médiatique tend au contraire à l'éclatement par multiplication des forces centrifuges. Assurer à chaque voix une clarté suffisante, garantir la cohérence argumentative de l'ensemble, demande à l'argumentateur une grande maîtrise. Sinon la polyphonie a vite fait de se transformer en cacophonie, et on glisse du meilleur "Apostrophes" au pire "Droit de réponse"...

Dans le texte d'E. Badinter, ce danger est évité. Derrière l'écriture journalistique apparemment éclatée, de nombreux principes de cohérence continuent en fait à jouer. Cela se constate au niveau de la structuration des thèses, qui repose sur des couples philosophiques simples (rêve vs réalité, fantasme vs savoir, naturel vs culturel...). La maîtrise par l'auteur de ces champs philosophiques garantit la cohérence des thèses. De même la démarche qui consiste à déduire les principes moraux, exprimés notamment dans l'injonction finale, de l'analyse des faits est une forme de raisonnement classique, supposant l'unité du vrai et du bon. L'idée qu'il faut accepter l'évidence du réel revient comme un leitmotiv : autre facteur de cohérence.

D'autre part le cheminement argumentatif lui-même ne suit pas seulement les aléas d'un dialogue fictif. En même temps, il suit une démarche démonstrative plus rigoureuse, qui reprend des procédés de raisonnement classiques :

- le 3e § donne des exemples de maternité éclatée autrefois ou ailleurs, le 5e § passe à l'éclatement hic et nunc.
- la démarche suivie du 6e au 8e § repose sur la tentative de démontrer que la maternité unifiée n'est ni la condition nécessaire, ni la condition suffisante du bonheur de l'enfant.
- le 10e § offre un exemple classique de raisonnement par l'absurde, poussant à l'extrême les thèses de l'adversaire.

La cohérence de l'argumentation est donc ici préservée, mais c'est par l'ex l'exercice d'une virtuosité peu accessible aux élèves. S'il est nécessaire qu'ils puissent comprendre ce type d'argumentation, il paraît difficile de leur proposer de l'imiter : les modèles traditionnels, s'ils leur sont moins familiers, sont néanmoins pédagogiquement d'un accès plus aisé.

Une pareille virtuosité argumentative pose un autre problème. Les modèles rhétoriques traditionnels avaient le mérite d'assurer une reconnaissance minimale de la parole de l'autre, à laquelle était accordée au moins une partie du développement. Certes cela n'allait pas sans artifice : les diverses parties n'avaient pas forcément la même densité argumentative, et l'ordre suivi n'était pas neutre. Du moins la thèse réfutée était clairement présentée de façon autonome. A partir du moment où l'argumentateur se manifeste à la fois comme l'un des énonciateurs et comme le locuteur qui régit l'agencement des voix énonciatives, ce double rôle lui permet toutes les manipulations.

Par exemple ici E. Badinter réduit habilement au silence la voix de l'autre en la dévalorisant au 9e § par une série de termes négatifs ("a priori, censeurs, mère de seconde zone"), puis en poussant le raisonnement de ses adversaires à l'absurde au 10e §. Or l'accusation de favoriser l'eugénisme, portée contre les tenants de la maternité unifiée, pourrait tout aussi bien être retournée contre elle : qu'on songe seulement à l'exemple parfait de maternité éclatée qu'imaginait Huxley dans Le meilleur des mondes, ou à l'utilisation des chromosomes de Prix Nobel aux Etats-Unis... Le caractère partisan des choix discrètement opérés est ici patent. Certes la rhétorique traditionnelle n'ignorait pas ces différences de traitement, mais elles passent désormais beaucoup plus inaperçues dans le camaïeu de voix instauré par la polyphonie.

Si séduisant qu'il soit - et familier puisqu'analogue à celui que véhiculent les médias - le modèle d'une argumentation "éclatée" est donc peut-être pédagogiquement dangereux. Dans la mesure où les exercices scolaires comme la discussion ou la composition française prévoient explicitement la prise en compte de différents points de vue (3), et donc le respect de la parole de l'autre, ce type de fonctionnement n'est sans doute pas à reproduire. Il n'empêche qu'il peut être utile d'habituer les élèves à en déchiffrer les effets (à en déjouer les pièges ?). Cela ne peut se faire, nous avons essayé de le montrer, que par un travail de repérage des voix et de reconstruction auquel l'exercice d'analyse, aujourd'hui (provisoirement ?) disparu de l'épreuve anticipée de français, se prêterait sans doute mieux que le résumé.

---

(3) cf B.O. du 05.03.81 et B.O. n° 27 du 07.07.83.

DOCUMENT COMPLEMENTAIRE

Pour ou contre la Tour Eiffel ?

1 - Texte complet de la pétition des artistes contre la Tour Eiffel (le texte proposé à résumer au baccalauréat et étudié dans T.F., chap. IV est amputé du dernier §).

2 - Réponse de G. Eiffel. (Le Temps, 14 février 1887)

On pourra compléter par ces textes l'analyse présentée dans le chapitre IV, mais aussi comparer cette polémique à des affrontements plus récents (cf par exemple le débat sur le grand Louvre dans les exercices du chapitre VII).

La protestation des artistes

L'ombre odieuse de l'odieuse colonne de tôle boulonnée

Nous venons, écrivains, peintres, sculpteurs, architectes, amateurs passionnés de la beauté jusqu'ici intacte de Paris, protester de toutes nos forces, de toute notre indignation, au nom du goût français méconnu, au nom de l'art et de l'histoire français menacés, contre l'érection, en plein cœur de notre capitale, de l'inutile et monstrueuse tour Eiffel, que la malignité publique, souvent empreinte de bon sens et d'esprit de justice, a déjà baptisée du nom de «Tour de Babel».

Sans tomber dans l'exaltation du chauvinisme, nous avons le droit de proclamer bien haut que Paris est la ville sans rivale dans le monde. Au-dessus de ses rues, de ses boulevards élargis, le long de ses quais admirables, du milieu de ses magnifiques promenades, surgissent les plus nobles monuments que le génie humain ait enfantés. L'âme de la France, créatrice de chefs-d'œuvre, resplendit parmi cette floraison auguste de pierres. L'Italie, l'Allemagne, les Flandres, si fières à juste titre de leur héritage artistique, ne possèdent rien qui soit comparable au nôtre, et de tous les coins de l'univers Paris attire les curiosités et les admirations. Allons-nous donc laisser profaner tout cela ? La ville de Paris va-t-elle donc s'associer plus longtemps aux baroques, aux mercantiles imaginations d'un constructeur de machines, pour s'enlaidir irréparablement et se déshonorer ? Car la tour Eiffel, dont la commerciale Amérique elle-même ne voudrait pas, c'est, n'en doutez pas, le déshonneur de Paris. Chacun le sent, chacun le dit, chacun s'en afflige profondément, et nous ne sommes qu'un faible écho de l'opinion universelle, si légitimement alarmée. Enfin lorsque les étrangers viendront visiter notre Exposition, ils s'écrieront, étonnés : «Quoi ? C'est cette horreur que les Français ont trouvée pour nous donner une idée de leur goût si fort vanté ?» Ils auront raison de se moquer de nous, parce que le Paris des gothiques sublimes, le Paris de Jean Goujon, de Germain Pilon, de Puget, de Rude, de Barye, etc., sera devenu le Paris de M. Eiffel.

Il suffit d'ailleurs, pour se rendre compte de ce que nous avançons, de se figurer un instant une tour vertigineusement ridicule, dominant Paris, ainsi qu'une noire et gigantesque cheminée d'usine, écrasant de sa masse barbare Notre-Dame, la Sainte-Chapelle, la tour Saint-Jacques, le Louvre, le dôme des Invalides, l'Arc de triomphe, tous nos monuments humiliés, toutes nos architectures rapetissées, qui disparaîtront dans ce rêve stupéfiant. Et pendant vingt ans, nous verrons s'allonger sur la ville entière, frémissante encore du génie de tant de siècles, nous verrons s'allonger comme une tache d'encre l'ombre odieuse de l'odieuse colonne de tôle boulonnée.

C'est à vous qui aimez tant Paris, qui l'avez tant embelli, qui l'avez tant de fois protégé contre les dévastations administratives et le vandalisme des entreprises industrielles, qu'appartient l'honneur de le défendre une fois de plus. Nous nous en remettons à vous du soin de plaider la cause de Paris, sachant que vous y dépenserez toute l'énergie, toute l'éloquence que doit inspirer à un artiste tel que vous l'amour de ce qui est beau, de ce qui est grand, de ce qui est juste. Et si notre cri d'alarme n'est pas entendu, si nos raisons ne sont pas écoutées, si Paris s'obstine dans l'idée de déshonorer Paris, nous aurons du moins, vous et nous, fait entendre une protestation qui honore.

Dans une longue liste de signataires qui n'ont généralement pas passé le cap de la postérité, on relève les noms des peintres Léon Bonnat, Ernest Meissonnier, William Bouguereau, du musicien Charles Gounod, de l'architecte de l'Opéra Charles Garnier, des écrivains François Coppée, Alexandre Dumas fils, Leconte de Lisle, Guy de Maupassant, Sully-Prudhomme, Victorien Sardou, de l'archéologue Alexandre Lenoir, etc.

La réponse de Gustave Eiffel

La preuve éclatante des progrès réalisés en ce siècle

Quels sont les motifs que donnent les artistes pour protester contre l'érection de la tour ? Qu'elle est inutile et monstrueuse ! Nous parlerons de l'inutilité tout à l'heure. Ne nous occupons pour le moment que du mérite esthétique sur lequel les artistes sont plus particulièrement compétents.

Je voudrais bien savoir sur quoi ils fondent leur jugement. Car, remarquez-le, monsieur, cette tour, personne ne l'a vue et personne, avant qu'elle ne soit construite, ne pourrait dire ce qu'elle sera. On ne la connaît jusqu'à présent, que par un simple dessin géometral ; mais, quoiqu'il ait été tiré à des centaines de mille exemplaires, est-il permis d'apprécier avec compétence l'effet général artistique d'un monument d'après un simple dessin, quand ce monument sort tellement des dimensions déjà pratiquées et des formes déjà connues ?

Et, si la tour, quand elle sera construite, était regardée comme une chose belle et intéressante, les artistes ne regretteraient-ils pas d'être partis si vite et si légèrement en campagne ? Qu'ils attendent donc de l'avoir vue pour s'en faire une juste idée et pouvoir la juger.

Je vous dirai toute ma pensée et toutes mes espérances. Je crois, pour ma part, que la tour aura sa beauté propre. Parce que nous sommes des ingénieurs, croit-on donc que la beauté ne nous préoccupe pas dans nos constructions et qu'en même temps que nous faisons solide et durable nous ne nous efforçons pas de faire élégant ? Est-ce que les véritables conditions de la force ne sont pas toujours conformes aux conditions secrètes de l'harmonie ? Le premier principe de l'esthétique architecturale est que les lignes essentielles d'un monument soient déterminées par la parfaite appropriation à sa destination. Or, de quelle condition ai-je eu, avant tout, à tenir compte dans la tour ? De la résistance au vent. Eh bien ! je prétends que les courbes des quatre arêtes du monument telles que le calcul les a fournies, qui, partant d'un énorme et inusité empattement à la base, vont en s'effilant jusqu'au sommet, donneront une grande impression de force et de beauté ; car elles traduiront aux yeux la hardiesse de la conception dans son ensemble, de même que les nombreux vides ménagés dans les éléments mêmes de la construction accuseront fortement le constant souci de ne pas livrer inutilement aux violences des ouragans des surfaces dangereuses pour la stabilité de l'édifice.

La tour sera le plus haut édifice qu'aient jamais élevé les hommes. Ne sera-t-elle donc pas grandiose aussi à sa façon ? Et pourquoi ce qui est admirable en Égypte deviendrait-il hideux et ridicule à Paris ? Je cherche et j'avoue que je ne trouve pas.

La protestation dit que la tour va écraser de sa grosse masse barbare Notre-Dame, la Sainte-Chapelle, la Tour Saint-Jacques le Louvre, le dôme des Invalides, l'Arc de triomphe, tous nos monuments. Que de choses à la fois ! Cela fait sourire, vraiment. Quand on veut admirer Notre-Dame, on va la voir du parvis. En quoi du Champ-de-Mars la tour gênera-t-elle le curieux placé sur le parvis Notre-Dame, qui ne la verra pas ? C'est d'ailleurs une des idées les plus fausses, quoique des plus répandues, même parmi les artistes, que celle qui consiste à croire qu'un édifice élevé écrase les constructions environnantes. Regardez si l'Opéra ne paraît pas plus écrasé par les maisons du voisinage qu'il ne les écrase luimême. Allez au rond-point de l'Étoile, et, parce que l'Arc de triomphe est grand, les maisons de la place ne vous en paraîtront pas plus petites. Au contraire, les maisons ont bien l'air d'avoir la hauteur qu'elles ont réellement, c'est-à-dire à peu près quinze mètres, et il faut un effort de l'esprit pour se persuader que l'Arc de triomphe en mesure quarante-cinq, c'est-à-dire trois fois plus.

Reste la question d'utilité. Ici, puisque nous quittons le domaine artistique, il me sera bien permis d'opposer à l'opinion des artistes celle du public.

Je ne crois point faire preuve de vanité en disant que jamais projet n'a été plus populaire , j'ai tous les jours la preuve qu'il n'y a pas dans Paris de gens, si humbles qu'ils soient, qui ne le connaissent et ne s'y intéressent. A l'étranger même, quand il m'arrive de voyager, je suis étonné du retentissement qu'il a eu.

Quant aux savants, les vrais juges de la question d'utilité, je puis dire qu'ils sont unanimes.

Non seulement la tour promet d'intéressantes observations pour l'astronomie, la météorologie et la physique, non seulement elle permettra en temps de guerre de tenir Paris constamment relié au reste de la France, mais elle sera en même temps la preuve éclatante des progrès réalisés en ce siècle par l'art des ingénieurs.

Le pays des ingénieurs

\+ + +

C'est seulement à notre époque, en ces dernières années, que l'on pouvait dresser des calculs assez sûrs et travailler le fer avec assez de précision pour songer à une aussi gigantesque entreprise.

N'est-ce rien pour la gloire de Paris que ce résumé de la science contemporaine soit érigé dans ses murs ?

La protestation gratifie la tour d'*«odieuse colonne de tôle boulonnée»*. Je n'ai point vu ce ton de dédain sans une certaine impression irritante. Il y a parmi les signataires des hommes qui ont toute mon admiration ; mais il y en a beaucoup d'autres qui ne sont connus que par des productions de l'art le plus inférieur ou par celles d'une littérature qui ne profite pas beaucoup au bon renom de notre pays.

M. de Vogüe, dans un récent article de la *Revue des Deux Mondes,* après avoir constaté que dans n'importe quelle ville d'Europe où il passait il entendait répéter les plus ineptes chansons alors à la mode dans nos cafés-concerts, se demandait si nous étions en train de devenir les Græculi du monde contemporain. Il me semble que n'eût-elle pas d'autre raison d'être que de montrer que nous ne sommes pas simplement le pays des amuseurs, mais aussi celui des ingénieurs et des constructeurs qu'on appelle de toutes les régions du monde pour édifier les ponts, les viaducs, les gares et les grands monuments de l'industrie moderne, la tour Eiffel mériterait d'être traitée avec considération.

RESUMER UN TEXTE ARGUMENTATIF

Ces exercices permettent de mettre en oeuvre les différentes techniques décrites dans le chapitre V. Ces techniques sont d'abord envisagées séparément et successivement. Les exercices 1 à 4 proposent des travaux sur l'intégration lexicale et la suppression ; si l'on pousse le travail jusqu'au résumé proprement dit, on sera bien sûr amené à mettre en oeuvre des techniques de réagencement syntaxique. Les exercices 4 à 10 amènent à travailler notamment sur la reformulation du résumé. Pour faciliter le travail des élèves tout en leur permettant de prendre conscience de certains défauts qui les guettent, on leur a proposé, en regard du texte à résumer, un résumé incomplet ou imparfait qu'il leur revient d'amender.

Mis à part l'exercice 1, qui porte sur des extraits, les exercices suivants supposent bien sûr une compréhension globale et préalable du texte à résumer : on pourra prendre appui sur la grille de lecture proposée au chap. IV (dans cette perspective, nous présentons en document complémentaire l'étude détaillée du texte de l'exercice 11). L'exercice 9, pour aider les élèves, leur propose un schéma du circuit argumentatif établi selon les principes de ce chapitre (on trouvera au besoin p. 140 du livre la présentation typographique d'origine du texte de J. Guyau).

Enfin, les exercices 11 à 14 appellent à récapituler l'ensemble de la démarche du résumé.

On trouvera à la suite des corrigés de ces exercices les résumés de quelques textes proposés dans d'autres chapitres du manuel et qui peuvent constituer des exercices complémentaires.

CORRIGE DES EXERCICES

1. Il s'agit de mettre en oeuvre les techniques d'intégration décrites dans le chapitre. On notera :

- qu'en fonction du contexte et du principe de classement adopté, on peut légitimement proposer des catégories et des termes englobants différents (p. ex. exercice A).
- que si parfois le texte propose lui-même une catégorie englobante, il arrive souvent qu'elle soit à déterminer par le lecteur (ce qui paraîtra bien sûr plus difficile).
- que ce travail d'intégration peut être poussé plus ou moins loin (en fonction par ex. des contraintes de longueur du résumé) : on parviendra progressivement à des catégories de plus en plus générales.

A On peut proposer des termes englobants reprenant les différents domaines d'emprunts culturels ou reprenant leur origine géographique (le résumé amènerait d'ailleurs à combiner les deux aspects).

Domaines d'emprunt	
alphabet	systèmes d'écriture
notation des nombres algèbre	mathématiques

savants	savants	érudits
astronomes	savants	érudits
philosophes		érudits
acier		découvertes techniques
poudre à canon		découvertes techniques
boussole		découvertes techniques
imprimerie		découvertes techniques
papier		procédés artisanaux
porcelaine		procédés artisanaux
soie		procédés artisanaux
café	boissons	produits agro-alimentaires
thé	boissons	produits agro-alimentaires
riz	aliments	produits agro-alimentaires
maïs	aliments	produits agro-alimentaires
pomme de terre	aliments	produits agro-alimentaires
vanille		produits agro-alimentaires
cacao		produits agro-alimentaires
tabac		produits agro-alimentaires
quinquina	plantes médicinales	produits agro-alimentaires
coca	plantes médicinales	produits agro-alimentaires
gravures	oeuvres picturales	productions artistiques
peintures	oeuvres picturales	productions artistiques
jazz		productions artistiques
littérature orale		productions artistiques

<u>Origine des emprunts</u>

Phéniciens	Civilisations méditerranéennes	Le monde entier
Grecs	Civilisations méditerranéennes	Le monde entier
Romains	Civilisations méditerranéennes	Le monde entier
Arabes	Civilisations méditerranéennes	Le monde entier
Chaldée	Civilisations méditerranéennes	Le monde entier
Egypte	Civilisations méditerranéennes	Le monde entier
Inde	Asie	Le monde entier
Turkestan	Asie	Le monde entier
Chine	Asie	Le monde entier
Ethiopie	Afrique	Le monde entier
Nègres africains	Afrique	Le monde entier
Indiens d'Amérique	Amérique	Le monde entier
Esclaves d'Amérique	Amérique	Le monde entier

B	morale humaniste religieuse	spirituelle	humanités
	grec latin	langues anciennes	humanités
	littérature		humanités
	histoire géographie	sciences humaines	humanités
	inutile invendable irrécupérable	gratuite	
	grec latin poésie française	belles lettres	
	grutiers garçons bouchers	travailleurs manuels	
	avocat médecin	professions libérales	
	radio télévision presse publicité édition	métiers de la communication	professions d'échange et de communication
	droit diplomatie carrières politiques	vie publique	professions d'échange et de communication
	textile commerce	vie économique	professions d'échange et de communication
	médecine architecture	professions libérales	
C	voyageurs marchands colporteurs vagabonds	errants	
	rémouleurs repasseurs rempailleurs rétameurs	artisans itinérants	
	ouvriers compagnons moines prêcheurs pèlerins mendiants	nomades	

D

se poursuivent discutent confient leurs secrets procèdent à des marchandages	négocient
Superman Spiderman Goldorak	héros télévisuels
jouets B.D. livret tee-shirts etc...	gadgets
fromage moutarde	produits alimentaires

E

route poste chemin de fer télégraphe	moyens de communication
radio cinéma télévisions	médias
tremblement de terre en Turquie révolution en Pologne menace nucléaire sur l'Europe	événements majeurs de l'actualité mondiale
ondes hertziennes fibre optique	moyens de transmission modernes
postes de télévision consoles cadrans murs d'images	écrans

F

sonnet vaudeville chanson roman tragédie	texte littéraire	
socialisme capitalisme	systèmes politiques	tous les problèmes du monde contemporain
bien mal	valeurs morales	
mathématiques astronautique théorie des quanta	sciences	
amour football cuisine chef de l'Etat	problèmes quotidiens	

G	Maso Mansuoli Arpino Santi Titi Laureti Ricci Zuggari	peintres de la Renaissance
	Pie IV Grégoire XIII Sixte V	Papes du 16e siècle
H	tradédie grecque théâtre espagnol drame élisabéthain tragédie classique française	grands classiques du théâtre
	Balzac Stendhal Zola roman naturaliste Eugène Sue	romanciers français du 19e siècle
	mort malheur souffrance fautes d'autrui péché originel malédiction du destin	fatalité
	innocents purs généreux	bons
I	code de rituels marché économique technique mode spécifique presse spécialisée	culture propre (à la moto)
	sensations de l'air caresse du vent sensation de bourdonnement de l'air grondement sourd des pneus vrombissement du moteur	plaisirs sensuels
	déconnection interne anesthésie des affects sentiment de puissance	jouissances psychologiques
J	risques de maladie de guerre de pénurie de dépossession	risques naturels et sociaux
	médecine technique diplomatie droit	protection sociale

conflits armés terrorisme insécurité }	violence	instabilité contemporaine
incertitude sur l'emploi		
séismes typhons raz de marée }	catastrophes naturelles	
développement technologique chimie énergie génétique	manipulations scientifiques modernes	

2. (cf texte intégral de l'article en document complémentaire).

a) Suppressions :

- 2e § : "Après quelques années décevantes" ... fin du § (ce n'est que le développement de l'argument formulé au début du §).

- 4e § : "Historiquement ... salles de billard" (exemple au service de l'argument formulé de façon plus abstraite au début du §).

- 5e § : "Il a alors tout au plus besoin ... avancer des pions" (même raison).
  "pour éviter à leur propriétaire ... qui que ce soit" (exemple repris juste après de façon plus abstraite).

b) Intégrations :

La première phrase du texte exprime la thèse de l'auteur. Le reste du § constitue un premier argument qui, par le recours à l'exemple du 20e siècle, renforce et précise cette thèse.

Dans le cadre d'un résumé au quart, on pourra reprendre brièvement :
- "1901, les années 30, la grande crise, les années 60" ⟶ chaque étape du 20e siècle.
- "Meccano, trains électriques, Monopoly, poupées mannequins" ⟶ diverses sortes de jeux.

c) Résumé :

Les jeux sont depuis toujours un indice révélateur des transformations essentielles des sociétés ; ainsi à chaque étape du vingtième siècle ont correspondu diverses sortes de jeux. Il est donc normal qu'au moment même où elle envahit notre existence, l'électronique renouvelle aujourd'hui le marché des jeux. Mais ce renouvellement ne va-t-il pas transformer les principes mêmes du jeu en supprimant les rapports entre les joueurs et en annonçant ainsi la société à venir ?

En effet, le jeu, longtemps pratique sociale par excellence, devient avec l'électronique une activité solitaire ; le joueur trouve en face de lui une machine presque autonome, disponible, transportable, et risque de s'enfermer dans ce tête à tête.

Les défenseurs de l'électronique assurent pourtant que celle-ci amène au contraire les joueurs à s'unir contre un adversaire commun, qui sait leur proposer des situations de jeu extrêmement variées et s'adapter à leur niveau : on pourrait voir là une extension, et non une suppression, des jeux de société. (168 mots).

3.

a) Suppressions :

- 1er § : "poussant devant soi ... prairies neuves".
- 2e § : "avant Rousseau".
- 3e § : "une panne d'ascenseur ... affolement" (reprise de l'argument sous forme d'exemple).
  "Chesterton... taille-crayon" (digression hors du champ argumentatif).
  "Je ne vitupère pas ... bonheur" (même raison).
- 4e § : "système des mesures ... enveloppes" (exemple).

b) Résumé :

Incompatible avec le nomadisme, qui empêche d'accumuler des biens durables, la civilisation a besoin de stabilité pour se développer. Gengis Khan s'en était bien rendu compte : pour détruire la civilisation qui selon lui affaiblissait l'homme, il s'attaqua aux villes ; mais cette tentative fut vaine et celles ci surent fixer leurs envahisseurs.

De nos jours les villes sont le foyer de la civilisation ; mais leur développement même les a rendues oppressantes et invivables, et leur complexité met l'ensemble à la merci de la défaillance d'un des éléments. De plus la société, les médias, imposent à chacun des normes de comportement de plus en plus contraignantes. Tout doit être standardisé pour convenir à la masse des utilisateurs : la liberté, la fantaisie, sont asservies et risquent de disparaître. (131 mots).

4.

a) Suppressions :

On peut supprimer le 4e §, présenté explicitement comme un exemple illustrant l'argument précédent.

b) Circuit argumentatif :

. Le 1er § présente la thèse proposée : le réaliste propose non la reproduction, mais une vision de la réalité. Cette thèse est reprise et radicalisée au début du 6e § : "J'en conclus que les réalistes de talent devraient s'appeler plutôt des illusionnistes".

. argument 1 : début du 2e § ("Raconter tout ... toute la vérité"). L'exhaustivité est impossible ("première atteinte...").

. argument 2 : fin du 2e § et 3e §.
Nécessité d'opérer une sélection dans le désordre du réel ("la vie, en outre ...").

. argument 3 : 5e §.
L'art doit composer à partir du réel et non le reproduire tel quel ("la vie encore laisse tout au même plan...").

. argument 4 : 6e § et début du 7e § ("Quel enfantillage, d'ailleurs ... suivant sa nature").

L'argumentation progresse sur le thème de l'illusion qui radicalise la thèse initiale : de toute façon il n'y a pas de réalité universelle.

. argument 5 : fin du 7e § et 8e § ("Et l'écrivain n'a d'autre mission" ... fin du texte).
L'écrivain ne fait que proposer son illusion particulière.

c) Résumé :

L'artiste réaliste ne reproduit pas la réalité telle qu'elle est, mais en propose une vision qui dégage l'essentiel. Il ne peut de toute façon tout dire : parmi les éléments du réel, innombrables et désordonnés, il doit sélectionner ceux qui concernent son sujet. Il doit ensuite organiser ces éléments avec art de manière à composer une oeuvre qui donne au lecteur l'illusion du vrai. Le vrai réaliste est donc à mes yeux celui qui parvient à créer cette illusion. Il n'y a d'ailleurs pas de réalité objective que l'art pourrait reproduire : chacun a sa vision du monde, qui est fonction de ses sens et de son caractère. C'est cette vision subjective et mouvante que l'artiste communique à son public. (127 mots).

5. Aujourd'hui les racistes hésitent à afficher leurs opinions, préférant les attribuer à ceux précisément qu'ils rejettent. Les conditions de vie imposées aux immigrés posent donc un problème plus grave que le racisme. En effet, condamnés aux travaux pénibles dont nul ne veut, ils ont juste le salaire suffisant pour attirer de nouveaux immigrés. En outre, tenus à l'écart, victimes d'une suspicion injustifiée, ils ont peu de possibilités de s'intégrer à notre culture. Si nous ne voulons pas être condamnés par la postérité, cessons donc de les traiter en esclaves, ou bien renonçons partiellement à la richesse qu'ils aident à produire.
(106 mots).

6. Plus l'homme moderne est satisfait dans ses besoins fondamentaux, plus il se sent accablé de difficultés psychologiques. Car, privé des normes sociales anciennes, il doit choisir seul son mode de vie. Or la civilisation actuelle ne sait procurer que des facilités matérielles qui détournent l'individu de ses angoisses existentielles sans les résoudre. Ce refuge dans la consommation est d'ailleurs accentué par un système économique qui comble par la publicité le vide laissé par la culture intellectuelle.
(79 mots).

7. Alors que les différences entre les civilisations sont un phénomène naturel, les hommes les considèrent souvent à tort comme inacceptables. Il est très difficile de dissiper ce préjugé, profondément ancré en nous, car les hommes ont tendance à rejeter tout ce qui leur est étranger. L'usage de termes comme "barbares" dans l'antiquité ou "sauvages" aujourd'hui est révélateur de cette tendance à rabaisser au niveau de l'animalité tout comportement différent de l'usage établi.

Or cette attitude est justement celle qui caractérise ceux qu'on nomme sauvages. En effet le concept d'humanité en général est apparu très tard et reste fragilement établi. Tout ce qui n'appartient pas à la tribu est rejeté par les primitifs comme ne relevant pas de l'humanité : cela apparaît clairement dans leur vocabulaire. Ce comportement se retrouve chez les Espagnols qui se demandaient si les indigènes d'Amérique avaient une âme, tandis que ces derniers tuaient des prisonniers blancs pour voir si leur cadavre se décomposait ; on retrouve donc des deux côtés la même négation de l'humanité de l'autre, qui caractérise précisément la barbarie : le barbare, c'est celui qui considère les autres comme barbares.
(197 mots).

8. Le jeu n'est pas une préparation aux métiers des adultes, mais un moyen de rendre l'enfant capable de vaincre les obstacles. De même le véritable intérêt du sport, plus que l'exercice en lui-même, est de développer les qualités physiques. L'essentiel dans le jeu n'est pas de gagner mais d'affronter avec correction un adversaire, d'accepter les échecs sans renoncer.

Le jeu permet donc de mieux se contrôler, et cela est profitable même dans des situations plus lourdes de conséquences. Mais l'intérêt du jeu, même si les risques y sont moindres, est d'obliger chaque participant à utiliser et à combiner au mieux toutes ses qualités morales et intellectuelles.
(116 mots).

9. On ne peut nier l'importance qu'a prise, dans le monde entier, la presse d'information. Son évolution actuelle est d'autant plus préoccupante. Soucieux de satisfaire des lecteurs paresseux, les journaux ont en effet tendance à tomber dans la facilité, au détriment de la qualité de l'information. Naguère encore, la presse se fixait le but ambitieux de défendre des idées et de guider l'opinion. Beaucoup de journaux se contentent aujourd'hui de fournir au public ce qu'il attend. On lui épargne toute réflexion en l'alimentant en faits divers et en scandales auxquels il prend goût ; on va jusqu'à manipuler la vérité pour mieux attirer l'attention ; on poursuit les hommes célèbres d'une curiosité indiscrète.

Comment lutter contre cette perversion de la presse ? Un premier moyen serait d'améliorer la formation professionnelle des journalistes, trop souvent jusqu'ici formés sur le tas. Mais c'est aussi le public qu'il faut former pour l'habituer à une presse de meilleure qualité. Cette exigence d'une véritable information se manifesterait d'ailleurs naturellement si les lecteurs se sentaient réellement concernés par l'actualité et susceptibles d'y jouer un rôle.
(194 mots).

10. Comment les historiens futurs nommeront-ils l'après-guerre ? Si certains termes éclairent un aspect spécifique de cette époque, le mot "paradoxe" la définit globalement. Paradoxe, essentiellement, entre des divisions politiques extrêmes et une standardisation culturelle engendrée par la rapidité des communications. Nul pays n'échappe à cette uniformisation, comme en témoignent l'architecture des grandes villes et les problèmes d'environnement qu'elle sécrète. Certes des échanges ont toujours existé entre les pays, mais maintenant la vitesse des communications standardise les comportements du monde entier, qu'il s'agisse de divertissements ou d'objets industriels ou artisanaux. Aussi glissons-nous irrémédiablement vers une culture uniformisée.
(104 mots).

11. (cf analyse du texte dans les documents complémentaires).

Les Français, à cause de la crise, doutent à tort de l'avenir. Pourtant, si le chômage et la fiscalité sont excessifs, le pouvoir d'achat se maintient après avoir crû spectaculairement dans un passé récent. Et si alors certains rêvaient de croissance zéro, aujourd'hui tous regrettent cette période d'expansion. D'autre part, même si la croissance stagne, la qualité de la vie continue à s'améliorer, notamment dans les domaines de l'urbanisme et de la culture.

Sommes-nous désormais condamnés à reculer ? Pas fatalement, si la France entre sans crainte dans la voie du progrès technique et surtout si elle s'engage résolument sur le marché mondial, quels qu'en soient les périls. Plutôt que de chercher à tout produire, il faut pour cela s'affirmer dans des secteurs spécifiques de la production. Certes cela entraîne une dépendance internationale, mais l'indépendance absolue n'est possible qu'avec la misère. La France devra donc sortir sans cesse davantage de ses frontières.
(165 mots).

12. Nous, artistes épris de notre belle capitale, nous nous élevons vigoureusement au nom des valeurs traditionnelles françaises contre la construction sacrilège de la Tour Eiffel. Par la beauté exceptionnelle de ses monuments, qui exprime l'âme de la France, Paris n'est-elle pas une ville unique au monde, universellement admirée ? Comment admettre que cette perfection soit défigurée par les fantasmes d'un vulgaire marchand de machines ? Le monde entier condamne en effet avec un effroi justifié l'ignoble érection de la Tour Eiffel, indigne du Paris de nos grands maîtres.

Qui peut imaginer un instant cette tour éhontée accablant de son élan démesuré la pure harmonie de notre cité, souillée durablement en une hallucinante vision d'horreur ?
(118 mots).

13. On prétend souvent que notre siècle serait celui de la violence : violence née des tentations que multiplie la société de consommation, répandant la peur, ou bien violence gratuite ; de tout cela, New York serait la manifestation par excellence. En réalité, si le nombre total des agressions a peut-être récemment progressé, la violence recule incontestablement depuis un siècle. De plus, les statistiques nient toute corrélation entre la violence réelle et le sentiment d'insécurité.

La véritable nouveauté du vingtième siècle ne serait-elle pas sa sensibilité à une violence que diffusent partout les médias ? Elle obsède et gagne même ceux qui la refusent, au point qu'ils en surestiment les effets. Vainement on leur explique que le passé était plus sanglant : les réalités anciennes frappent moins l'imagination que le moindre fait divers contemporain. C'est pourquoi un sentiment d'insécurité se répand, sans fondement objectif.
(146 mots).

14. Il faudrait enseigner aux enfants "l'art d'être heureux", sinon face aux grandes catastrophes, du moins face aux désagréments mineurs. Le premier principe de cet art consisterait à garder pour soi tant les malaises physiques que les déceptions morales. Se plaindre, c'est en effet communiquer sa tristesse aux autres, et par là les contrarier : les hommes recherchent leur contentement et vivraient plus heureux si chacun voulait bien y contribuer.

Tels étaient d'ailleurs les principes de la bonne société ; et il est dangereux de parler trop librement de ses infortunes, comme on le fait en famille : on les oublierait davantage si l'on craignait plus de déplaire. Ainsi celui qui, tout occupé à gagner les bonnes grâces des puissants, n'a pas le loisir de confier ses désagréments, en vient vite à les oublier.

Il serait aussi utile de savoir reconnaître le bon côté des choses. La pluie a sa beauté : plutôt que d'en déplorer les inconvénients, mieux vaut l'accueillir avec le sourire.
(167 mots).

Corrigés complémentaires

. E. Sullerot : La mode (p. 38)

Texte de 470 mots, à résumer en 118 mots (± 10 %).

Dans les sociétés stables d'autrefois, la façon de s'habiller avait un sens, lié aux usages du groupe, et ne tolérait pas les variations individuelles. La mode ne peut apparaître qu'à l'intérieur des sociétés qui se transforment sur le plan économique et social. Naguère encore, elle était réservée aux milieux les plus aisés à qui elle permettait de se distinguer du reste de la population. Elle se démocratise très largement de nos jours et par là même devient moins contraignante, laissant plus de place au goût individuel.

D'autre part, la mode doit aujourd'hui se transformer rapidement pour pousser à l'achat de nouveaux biens de consommation et permettre le développement économique.
(116 mots).

. B. Brécout : Les adolescents et la crise de la lecture (p. 68)

Texte de 489 mots, à résumer en 123 mots (± 10 %).

S'il est attesté que les adolescents d'aujourd'hui se désintéressent de la lecture, les manifestations et les causes de cette crise sont, elles, mal connues. Le symptôme le plus net en est certainement le rejet de la littérature, perçue dans le cadre scolaire comme coupée de l'actualité. Par ailleurs la vogue des magazines et des bandes dessinées correspond à la prépondérance nouvelle de l'image sur le texte auprès des jeunes. Enfin, même chez ceux qui lisent, l'acte de lire est désormais conçu comme un divertissement où la qualité du texte importe peu. Ces trois constatations prouvent donc bien que la lecture a perdu chez les adolescents sa fonction privilégiée dans la transmission des connaissances.
(119 mots).

. G. Mendel : Une jeunesse mal aimée (p. 68)

Texte de 563 mots, à résumer en 141 mots (± 10 %).

L'avenir interroge quotidiennement les familles : l'enfant, autrefois maillon dans la "chaîne des générations" dont il garantissait la solidité, constitue désormais un élément d'instabilité supplémentaire dans l'existence inquiète des

adultes, assoifés de certitudes. C'est pourquoi, hormis les liens familiaux, la société tout entière a peur de sa jeunesse comme de son propre avenir. Aussi les jeunes sont-ils rejetés et enfermés dans des ghettos éducatifs successifs où se perpétue, loin des réalités économiques, leur irresponsabilité sociale, au détriment de la constitution de leur personnalité d'adulte. Ainsi leur génération s'exprime surtout par des comportements marginaux peu créateurs et potentiellement dangereux. Certes les sondages qui donnent de la jeunesse une image positive confortent la bonne conscience sociale ; mais sont-ils fiables, eux qui, l'histoire l'a montré, ne saisissent que les attitudes conventionnelles et non les aspirations informulées de l'individu ?
(146 mots).

. A. Burguière : On a toujours besoin d'une famille (p. 129)

Texte de 845 mots, à résumer en 211 mots (± 10 %).

La structure familiale, si elle est ébranlée, reste pourtant beaucoup plus solide qu'on ne le dit souvent. Certains prétendent qu'autrefois les familles, plus unies, garantissaient mieux l'équilibre des enfants ; ceux-ci seraient aujourd'hui perturbés par les divorces. Mais l'histoire nous montre qu'autrefois ils l'étaient bien plus souvent encore par la mort prématurée de leurs parents. On dit aussi que les enfants sont de plus en plus laissés à eux-mêmes ; en fait, le pourcentage des femmes qui travaillent n'est guère plus élevé qu'au début du siècle ; mais elles viennent aujourd'hui des milieux plus aisés, qui attirent davantage l'attention. De toute façon, même avant la société industrielle, les enfants étaient rarement élevés chez eux mais plutôt chez une lointaine nourrice, avant d'entrer en apprentissage ou de vivre au milieu des domestiques.

En réalité, contrairement aux idées reçues, les parents et les enfants se voient plus qu'autrefois et forment un noyau familial sans doute trop étroit. La famille, qui n'a plus la même utilité sociale qu'autrefois, joue au contraire un rôle affectif de plus en plus fort ; c'est au point que les hommes en viennent à se représenter la société comme une grande famille, rêvant de fraternité avec leurs pairs et recherchant dans leurs chefs une autorité paternelle.
(222 mots).

DOCUMENT COMPLEMENTAIRE

Etude détaillée du texte de M. Albert proposé p. 97

L'application de la grille de lecture proposée dans le chapitre IV est particulièrement fructueuse à propos de cet article paru dans Le Nouvel Observateur en décembre 1983 et donné à résumer aux candidats du BTS de construction navale en 1985.

1 - Indices d'énonciation

. On relèvera par exemple : "gâtés, l'erreur de croire, sous prétexte, on nous rebat les oreilles" (1er §) ; "prophètes du retour en arrière, à leurs yeux" (2e §) ; "ce qu'on oublie" (3e §) ; la rupture de ton qu'entraîne la mention du saucisson à l'ail" (fin du 4e §) ; "de beaux esprits, cartésiens paraît-il..." (5e §).

Ces indices :

- associent des termes qui marquent une condamnation directe ("erreur, prétexte, oubli"...) et des expressions à connotation péjorative ou ironique ("gâtés, prophètes du retour en arrière, beaux esprits..") qui caractérisent la tendance très polémique du texte.
- sont essentiellement localisés dans la première partie du texte (3 premiers §) avec une réapparition dans le 5e §.

. Les tenants de ce qu'on pourra identifier comme thèse refusée sont désignés de façon assez vague ("ils, beaucoup de Français" - 1er § -, ou "on" - 1er et 3e § -, "de beaux esprits" - 5e § -). En face se constitue un "nous" qui dans la deuxième partie du texte est relayé par "La France" (à quatre reprises).

D'où une opposition :

ils, beaucoup de Français / nous, la France.

La constitution de ce nouveau pôle énonciatif, jointe aux indicatifs et notamment aux futurs très catégoriquement affirmatifs de la 2e partie, tend à souligner l'opposition entre les deux moitiés du texte (3 premiers § / 5 derniers §).

2 - Indices lexicaux

. Le texte s'organise autour d'une opposition fondamentale entre le passé d'un côté, le présent et le futur de l'autre. Certaines expressions comme l'oxymore "prophètes du retour en arrière" (2e §) soulignent fortement ce contraste.

présent / avenir	passé
avenir	depuis dix ans âge d'or
prophètes	du retour en arriève
nous vivons mieux	que nous n'avons jamais vécu régression
notre futur	depuis des années
France du futur	nos ancêtres paysans

Cette opposition est nettement soulignée par le jeu des temps : passés dans la 1ère partie du texte, futur dans la seconde.

. Le texte oppose également, selon une stratégie argumentative classique,

- un champ lexical de l'apparence, de l'illusion, qui sert à dévaloriser la thèse refusée ("erreur, prétexte, rêvaient, paraît-il...") ; champ lexical relayé dans le 2e § par celui de la pensée religieuse (idéaliste et naïve) : "bonne nouvelle (=, étymologiquement, évangile), prophètes, miracle, la paix sur la terre et dans les cieux...".
- un champ lexical de la raison et de la science, qui conforte la thèse proposée en la présentant comme émanation de la pensée rationnelle (la vraie pensée "cartésienne") et du savoir scientifique (celui, bien sûr, de l'auteur) : "au juste, raison, solution, équation...".

3 - Indices d'organisation

. Les connecteurs : on relèvera notamment de nombreux "mais". Ceux-ci sont de nature diverse. Ils peuvent marquer la reprise après une concession ("Mais n'oublions pas que...", "Mais c'est parce qu'il ne dépend de personne...", "Mais c'est là que se trouve notre futur...") : il s'agit là d'une valeur liée à la structure dialogique du texte, au jeu objection/réponse qui est naturel au texte argumentatif. Le "mais" de la fin du 1er § oppose en fait la vérité à l'erreur ("beaucoup de Français font l'<u>erreur</u> / mais c'est quoi au <u>juste</u>...").

Le "Mais" qui ouvre le 3e § est particulièrement intéressant. Il ne connecte pas avec ce qui précède immédiatement (cf <u>T.F.</u> p. 59, 62).

En fait, sur le même plan que le "mais" de la fin du 1er §, il s'oppose à ce qui précédait celui-ci, comme le souligne le parallélisme des tournures :

"de plus en plus de chômage et de prélèvements, ça oui...
... <u>mais</u> n'oublions pas que...
<u>mais</u> ce qu'on oublie aujourd'hui..."

Du coup le 2e § apparaît comme une sorte de parenthèse, ce que confirme l'analyse lexicale et énonciative : il s'agit d'une quasi-dégression, très polémique, contre l'idéologie soixante-huitarde.

. La ponctuation, soulignant le jeu des questions, est un indice important de la structure souvent dialogique du texte. Mais si certaines questions sont bien des objections virtuelles des tenants de la thèse refusée (7e §), d'autres sont seulement des interrogations rhétoriques qui relancent le raisonnement (début du 4e §).

. Le découpage typographique est également signifiant. Il isole à juste titre le 2e § qui, on l'a vu, est une sorte de parenthèse. Il souligne la coupure essentielle du milieu du texte.

On notera que la fin du texte est plus découpée que le début, des § différents présentant objection et réplique, alors que le 1er § associait les deux : c'est le signe d'une augmentation de la pression argumentative, dissociant nettement les deux positions en présence (cf le caractère très polémique de la fin).

4 - Le circuit argumentatif

On peut à partir de là identifier les thèses en présence : thèse refusée (La France n'a plus d'avenir) / thèse proposée (la France peut avoir un avenir à certaines conditions).

Bien sûr, les compétences culturelles ne sont pas inutiles ici : ce sont en fait deux conceptions de l'économie qui s'affrontent (repli sur l'hexagone/ouverture au marché mondial), et l'on se souviendra des débats économiques et politiques qui agitaient le gouvernement au moment où cet article fut rédigé (fin 1983).

Le thèse refusée est discutée et rejetée dans la 1ère moitié du texte. La thèse proposée est développée, avec réfutation des contre-arguments éventuels, dans la seconde moitié.

On peut proposer le schéma suivant :

THESE REFUSEE	THESE PROPOSEE
La France n'a plus d'avenir	La France peut avoir un avenir
argument 1 (favorable à cette thèse) : - chômage, - prélèvements obligatoires, - crise. (début 1er §)	argument 1 : il faut pour cela refuser la régression. (début 4e §).
≠	+
argument 2 (réfutation du précédent) : maintien du pouvoir d'achat (fin du 1er §)	argument 2 : il faut entrer dans l'économie-monde (fin du texte)
digression du 2e § : passage polémique, qui contribue à relativiser la notion de croissance	→ argument développé par deux exemples : - les machines à traire : il faut répartir les créneaux de production (§ 5 et 6) - les paysans du Gange : il faut accepter l'interdépendance (§ 7 et 8)
+	
argument 3 (réfutation complémentaire) : la croissance zéro n'empêche pas de vivre mieux (3e §).	

DOCUMENT COMPLEMENTAIRE

Les textes proposés aux candidats aux divers examens sont souvent des versions abrégées, voire modifiées, de l'original (sans que ces modifications soient toujours signalées !). Ces pratiques sont assurément regrettables : comment étudier la dynamique argumentative d'un texte mutilé, comment décider de la valeur d'un connecteur logique... quand le paragraphe qui le précède a été supprimé ? Mais on peut trouver là l'occasion d'un exercice : comparer la version abrégée au texte original de l'article afin d'analyser la portée et l'incidence des coupures, c'est encore une façon de réfléchir sur le fonctionnement d'un texte argumentatif.

A titre d'exemple, nous proposons ci-dessous le texte complet de l'article de Bernard Spitz, d'où a été tiré le sujet de résumé L'électronique et les jeux (exercice 2). On appréciera l'importance des coupures, mais aussi la modification (ou suppression) des titres et inter-titres.

JEUX - L'électronique renforce la solitude

Jeux de société, la plupart des nouveaux jeux électroniques ? Tout au contraire, jeux de solitaires, face à la machine-adversaire.

Bernard Spitz (Le Monde, 23 décembre 1979).

Tout au long de l'histoire les jeux ont toujours été des témoins privilégiés de leur époque, reflétant au hasard de l'imagination des créateurs les évolutions techniques, économiques et sociales les plus importantes. Pour s'en tenir au seul vingtième siècle, tandis que le premier Meccano, en 1901, symbolisait la révolution industrielle, et que les trains électriques Hornby saluaient, dès la fin des années 30 la généralisation de l'électrification, l'invention du Monopoly par un chômeur pendant la grande crise consacrait le capitalisme comme système économique, et l'avènement des "poupées-mannequins" dans les années 60 manifestait le rejet de l'image de la "femme-mère de famille" au profit d'une "femme-objet" qui allait par la suite laisser la place à la "femme active" qui s'impose aujourd'hui.

Facteur essentiel de transformation de la société entrant de plus en plus dans notre vie quotidienne, il était inéluctable que l'électronique et ses applications soient tournées vers les jeux. Après quelques années décevantes marquées par l'éphémère succès des "jeux vidéo" et l'utilisation de l'électronique pour de simples effets spéciaux (notamment pour le bruitage des "batailles navales"), une nouvelle génération est arrivée sur le marché, bouleversant une industrie quelque peu léthargique. Avec, en particulier, le Merlin, de Miro, qui frôle les deux cent mille exemplaires vendus, les jeux électroniques ont rejoint en ce Noël 1979 le club extrêmement fermé des jeux les plus vendus en France (un "bon" jeu de société se vend à quinze mille exemplaires). Mais si une fois de plus l'évolution technologique conduit à une modification du jeu lui-même, on peut se demander si elle ne va pas s'accompagner de transformations profondes au niveau de l'esprit de jeu et du comportement des joueurs, et préfigurer ainsi une certaine façon les relations entre individus dans la société de demain.

Aujourd'hui, l'électronique dans le domaine des jeux "de société", conduit en effet à l'éviction de tout leur aspect social. Autrefois prétexte à réunions, rencontres, le jeu était un instrument de communication lié socialement à des espaces particuliers, ce que l'équivalent anglais parlour games - littéralement jeux de parloir - suggère bien. Historiquement, le salon de jeu aurait même été l'une des premières pièces à recevoir une fonction déterminée : au dix-septième siècle, il n'y avait pas de salles à manger (on dressait la table), mais déjà des salles de billard. Les jeux électroniques laissent l'homme face à la machine, voire face à lui-même.

L'électronique remplace en effet le plus souvent les adversaires, et le jeu devient alors un combat où l'individu se retrouve face à un opposant patient, compréhensif, peu bavard - bien qu'il puisse être doté de la voix comme le Voice Chess Challenger, qui rappelle à chaque partie qu'il est un "fidèle adversaire", - en somme devant un instrument qui fonctionne au lieu d'un adversaire qui joue. Il lui arrive même d'ailleurs de fonctionner sans nous ou presque. Il a alors tout au plus besoin que nous assurions les tâches subalternes, comme distribuer des cartes ou avancer des pions : ainsi, le Chess Challenger et le tout nouveau Bridge Challenger peuvent jouer seuls, enchaînant successivement les coups de tous les joueurs. Le microprocesseur se fait alors microprofesseur.

Le jeu y perd beaucoup de ses charmes. Plus question d'essayer de tromper la vigilance de l'adversaire ; le mode d'emploi du Chess Challenger nous prévient : ""L'ordinateur ne vous permettra pas de transgresser les règles du jeu (...). Lui non plus ne les transgressera pas".

Plus question non plus d'appels subtils comme dans la célèbre partie de cartes de Pagnol : l'ordinateur restera insensible à tout bluff comme à toute tentative d'intimidation.

Victoire du réalisme ?

Vendus dans une petite mallette comme le Chess Challenger ou tenant dans la poche comme les petits modèles simulant une course automobile, toujours disponibles donc, les jeux électroniques pourront bientôt être partout pour éviter à leur propriétaire la tentation, dans une salle d'attente ou dans une queue au cinéma, de parler avec qui que ce soit. Enfonçant les individus dans leur isolement, ils les habitueront à entretenir des rapports conflictuels avec la machine : "Si Merlin vous pile au morpion, il vous reste cinq jeux pour prendre votre revanche", dit la publicité.

Jean-Pierre Luc, rédacteur à la Revue du jouet, tout en considérant que le jouet électronique obéit avant tout à une logique commerciale, analyse cette évolution du jeu de société comme une victoire du réalisme sur l'hypocrisie traditionnelle du vendeur. Le jeu de société, estime-t-il, a toujours été destiné à des gens "seuls" qui espéraient acquérir du même coup la compagnie et les amis associés au jeu dans leur esprit par la publicité. Avec les jeux électroniques, ce subterfuge n'est plus nécessaire puisque l'on vend au consommateur non plus un simple jeu mais un "compagnon électronique".

Une commodité

Toutefois, pour Agnès Bauche, chargée des relations publiques chez Miro, le fait que l'ordinateur permette de jouer seul n'est qu'une commodité supplémentaire offerte à l'acheteur. L'important est, sur le plan psychologique, l'introduction d'un adversaire abstrait grâce auquel on pourra notamment développer l'esprit d'équipe chez les joueurs en les associant dans leur lutte contre l'ennemi commun incarné par la machine. Le jeu électronique permet, en effet, de varier à l'infini la complexité et l'intérêt des parties en créant des situations aléatoires infiniment plus riches que les rituels lancers de dés ou tirages de cartes. En outre, l'existence de niveaux différents de difficulté permet de multiplier les manières de jouer, en s'adaptant à tous les joueurs susceptibles d'être opposés à l'appareil. Il ne s'agirait donc pas d'une suppression du caractère social de ces jeux mais d'une modification des situations habituelles de parties, l'électronique ouvrant de nouveaux horizons aux jeux de société sans pour autant les éliminer.

Si sur le plan pédagogique les jeux électroniques offrent des perspectives intéressantes - notamment par la médiation qu'ils offrent entre les enfants et une société informatisée, - il reste qu'ils incarnent également un appauvrissement culturel. Soumis aux exigences d'un vaste marché, les fabricants mondialisent leurs produits, sacrifiant ainsi les particularismes nationaux sur l'autel du commerce, comme l'a montré, après Walt Disney, la mode des jeux et jouets tirés de la Guerre des étoiles. Venant pour la plupart des Etats-Unis, ils risquent donc d'offrir aux enfants du monde entier les mêmes raisonnements, les mêmes associations d'idées, le même langage "fruste, codificateur et sommaire" (1).

Cependant, il ne faut sous-estimer ni la capacité du jeu à intégrer l'histoire ni celle des enfants à apprivoiser à travers leurs jouets l'électronique comme ils ont autrefois apprivoisé l'électricité. Certes, le conformisme est un danger ; mais Barthes dénonçait déjà, il y a plus de vingt ans, dans Mythologies, l'entreprise visant, par l'intermédiaire des jouets, à éliminer tout sens critique chez l'enfant, et par là même toute velléité de contestation ; c'était dix ans avant mai 68... Enfin, on assiste, heureusement, au développement, depuis quelques années, de ludothèques rassemblant parents et enfants, et de clubs de jeux où les adultes n'hésitent plus à se réunir pour s'affronter, sans craindre pour autant de paraître ridicules. Même s'il est lent, le changement des mentalités à l'égard des jeux est incontestable. Avec ou sans machines en face d'eux, les joueurs seront de plus en plus nombreux.

(1) A propos du langage informatique dans "L'informatisation de la société" (rapport Nora-Minc).

CONSTRUIRE UN TEXTE ARGUMENTATIF

Les chapitres VI et VII, étroitement complémentaires, envisagent l'argumentation sous l'angle de la production. Comme dans les chapitres précédents, nous avons essayé de distinguer les différentes étapes du travail. On rejoint vite en ce domaine les catégories de la rhétorique classique : invention, disposition, élocution. Pour décomposer les difficultés, les exercices mettent donc l'accent sur l'un ou l'autre de ces aspects : l'exercice 1 aborde plutôt l'invention, puis viennent la disposition (exercices 3 à 9) et l'élocution (exercice 10). Les exercices 11 et 12 reprennent de façon plus synthétique l'ensemble de la démarche.

Certains de ces exercices sont par définition trop "ouverts" pour qu'il soit possible d'en proposer (imposer ?) un corrigé. On trouvera donc ci-dessous celui des exercices 3 à 9. Pour le reste, nous avons préféré proposer, en documents complémentaires, un exemple de discussion rédigée correspondant au texte d'Alain étudié au chapitre VI ainsi qu'un dossier portant sur la presse (cf exercice 12) et un exemple de synthèse de documents réalisée à partir de ce dossier. On trouvera également un article sur le sport qui pourra compléter et prolonger le travail proposé dans l'exercice 7.

CORRIGE DES EXERCICES

3. Les élèves sont ici partiellement dispensés de l'"invention", puisque la "matière première" est fournie par la riche interview de B. Lussato. L'accent peut donc être mis sur l'identification et l'organisation des arguments.

. <u>Premier temps du travail</u> : identifier les arguments.

L'introduction de l'article présente les thèses en présence : à une majorité de Français favorables à "l'informatique à l'école", B. Lussato oppose une thèse beaucoup plus critique.

En opérant quelques regroupements, on peut prélever dans le texte les arguments suivants (les n°s renvoient aux différentes réponses de B. Lussato) :

A : L'introduction de l'informatique à l'école est une opération publicitaire pour les fabricants de micro-ordinateurs (1).

B : Les ordinateurs actuels seront très vite dépassés : savoir les utiliser ne prépare en rien à l'utilisation des appareils du Futur (2, 3, 5...).

C : Les études des spécialistes incitent à la prudence (4).

D : On pourra utiliser les ordinateurs de l'avenir sans avoir appris à programmer (5).

E : Pour être demain un véritable informaticien et non seulement un utilisateur, il faudra surtout avoir appris à raisonner, par exemple en étudiant les langues (5, 6).

F : L'informatique sera demain un outil au service des spécialistes des différents domaines : c'est ces spécialistes qu'il faut former (6).

G : L'utilisation de l'ordinateur est moins formatrice que celle du piano, par exemple. Contrairement aux arts ou aux langues, on peut toujours s'y initier plus tard (7, 10, 9).

H : On privilégie abusivement tout ce qui est technique et quantitatif au détriment du qualitatif et de l'art : contre cette tendance, il faut revenir aux humanités classiques (7, 8, 9).

. Deuxième temps du travail : construire une argumentation.

On peut par exemple proposer l'organisation suivante :

1 - Critique de l'informatique actuelle et mise en évidence de ses limites :
arguments A + C + G.

2 - Que sera l'informatique de demain ?
arguments B + D + F.

3 - Quelles conséquences cette analyse implique-t-elle pour la formation ?
arguments E + H.

4. La difficulté du texte tient au va-et-vient qu'il établit entre la thèse clairement réfutée (la famille serait en voie de disparition) et la thèse proposée, qui est exactement inverse : notre société accorde une place plus importante que jamais à la famille.

On peut donc identifier les arguments et les regrouper selon qu'ils se rattachent à l'une ou l'autre thèse :

A. Thèse refusée (la famille en voie de dislocation).

1. Divorces et séparations suscitent l'angoisse et la révolte des enfants (2e §).
2. Les parents, et notamment les femmes, n'ont plus le temps de s'occuper des enfants (3e §).
3. L'industrialisation, le travail des femmes, expliquent ce phénomène (5e §).

B. Critique de la thèse refusée

1. La mort et les remariages défaisaient autrefois les familles bien plus que le divorce aujourd'hui (2e §).
2. Le travail des femmes s'est moins généralisé qu'on ne le dit ; en fait, il y a eu surtout déplacement social (4e §).
3. Les enfants n'étaient pas autrefois davantage élevés dans leur famille qu'aujourd'hui (5e §).

C. Thèse proposée (la société actuelle valorise plus que jamais la famille).

1. On passe aujourd'hui de plus en plus de temps en famille (6e §).
2. La famille, qui n'a plus le même rôle social qu'autrefois, a un rôle affectif beaucoup plus grand (7e §).
3. La société tout entière est imaginée sur le modèle familial (8e §).

5. Il s'agit ici de prolonger la réflexion sur les différents types de texte en passant d'un texte d'exposition à un texte d'argumentation. Cela suppose qu'on sélectionne les éléments d'information susceptibles de devenir arguments au service d'une thèse. Pour préconiser la pratique du vol à voile, on pourrait ici, par exemple, proposer les arguments suivants :

A : Le vol à voile permet de voler avec la liberté des oiseaux ou de retrouver dans le ciel les plaisirs de la voile (1er et 2e §).

B : Le vol à voile est en pleine expansion, preuve de son intérêt (2e §).

C : Les planeurs modernes permettent des performances exceptionnelles (4e §).

D : Le vol à voile développe de nombreuses qualités : connaissances techniques, patience (4e §).

E : Le vol à voile peut être aussi une discipline sportive dont l'avenir est prometteur (5e et 6e §).

6. Même principe que l'exercice précédent. La thèse serait ici qu'il faut pratiquer le tourisme fluvial en Bourgogne.

. Arguments favorables :

A : La Bourgogne propose un équipement très riche pour le tourisme fluvial (rivières, canaux, infrastructure hôtelière) (1er §).

B : Elle offre une grande richesse naturelle et architecturale (1er §) ; richesses naturelles et créations de l'homme s'y unissent harmonieusement (§ 5, 6, 7, 8).

C : De nombreux projets d'aménagement vont faciliter cette pratique (2e et 3e §).

D : Cette activité ne présente aucune difficulté technique (4e §).

E : Le climat est longtemps favorable (4e §).

. Arguments défavorables :

F : L'entretien est mal assuré et le canal se détériore (2e §).

G : L'afflux d'embarcations risque de gâcher les sites (3e §).

7. Il est intéressant de comparer ces deux articles très proches l'un de l'autre, qui développent visiblement une même dépêche d'agence. (cf en document complémentaire un article plus récent qui peut permettre de prolonger ce travail)

A partir des éléments d'information fournis par ces articles, on peut proposer, au service de la thèse : "Le sport est devenu une affaire commerciale", les arguments suivants :

Arguments		Source	
A :	rentabilité des jeux de L.A.	Humanité § 1 et 6	Matin § 1
B :	importance du succès populaire	Humanité § 2	Matin § 2
C :	importance des droits de retransmission télévisée	Humanité § 2 et 3	Matin § 3 et 4 + tableau
D :	l'organisation des jeux est devenue rentable pour les intérêts privés	Humanité § 7	Matin § 1
E :	les jeux ont entraîné dans la région de L.A. de nombreuses hausses de prix	Humanité § 9	
F :	rôle du "sponsoring"		Matin § 6

On pourrait proposer de construire une argumentation reposant sur la progression suivante :

B + C + E + F → A → D

A noter la présence d'un argument possible, défavorable à la thèse : le bénéfice des jeux servira à aider le sport ou les pays du tiers-monde (Humanité § 4 et 5, Matin § 5).

Enfin une information qui sort du champ argumentatif ne peut guère être retenue (le bénéfice des jeux s'explique aussi par l'utilisation d'équipements déjà existants : Humanité § 10, Matin § 7).

8. Même principe que l'exercice précédent, à ceci près que les deux articles sont déjà nettement argumentatifs.

Arguments		Source	
A :	Le besoin existe de programmes de traitement de textes facilitant le travail de secrétariat	Nouvel Observateur réponses 1 et 2	Le Monde § 2 (début)
	Or les programmes informatiques ne tolèrent pas les fautes d'orthographe	Nouvel Observateur réponse 3	
	On peut certes les adapter pour qu'ils rétablissent eux-mêmes l'orthographe	Nouvel Observateur réponse 3	Le Monde § 6
	Mais cela est très complexe en français, ce qui rend cette solution très coûteuse, voire utopique	Nouvel Observateur réponses 4 et 6	Le Monde § 2 (fin) et 7
	Il est donc plus logique de réformer l'orthographe elle-même	Nouvel Observateur réponses 4 et 6	Le Monde § 8
B :	Les chercheurs disposent actuellement des moyens de réaliser cette réforme	Nouvel Observateur réponse 5	Le Monde § 3

C : Il y a aussi des raisons pédagogiques à la réforme de l'orthographe	Nouvel Observateur réponse 4 (fin)	Le Monde § 4
D : Une simplification du français lui permettrait aussi de mieux résister à la progression de l'anglais comme langue internationale	Nouvel Observateur réponse 6	Le Monde § 4 et 8

On pourrait rassembler ces arguments pour proposer l'argumentation suivante : L'informatique rend la réforme de l'orthographe techniquement et économiquement nécessaire (argument A). De plus cette réforme est aujourd'hui réalisable aux yeux des spécialistes (argument B). L'enseignement du français serait par là-même rendu plus facile (argument C) et sa diffusion internationale aurait tout à y gagner (argument D) ——► il faut donc réformer l'orthographe.

9. Même principe que l'exercice précédent, mais cette fois les deux articles défendent des thèses opposées. On pourra s'amuser à comparer les argumentations en présence avec celles des partisans et adversaires de la Tour Eiffel : cf <u>T.F.</u> chap. IV et ci-dessus les documents complémentaires correspondants.

(Les références renvoient aux paragraphes des réponses de M. Guy (numérotées en tout de 1 à 8 - puisque la 2e réponse est en 3 § -) et aux paragraphes de l'article de P. Boulez (de 1 à 15)).

En tenant compte du fait que l'article de P. Boulez est au moins autant une réfutation de celui de M. Guy qu'une défense du projet proprement dit, on pourrait proposer par exemple l'argumentation suivante :

1. <u>Critique du projet</u> : Arguments A + B + C + D + E + F + G.
2. <u>Réfutation de ces critiques</u> : Arguments I + J.
3. <u>Défense du projet</u> : Arguments H + K + L + M + N.

	Arguments hostiles au projet	Arguments favorables au projet
Interview de Michel GUY	A : Il ne tient pas compte de ce qui existe déjà (1 - 4) B : Il fait penser à un centre commercial ou un aéroport, pas à un musée (1 - 3) C : Il faut respecter «l'âme poétique» du bâtiment (2 - 3 - 7) D : Il faut que le Louvre soit facilement accessible à tous (6) E : Il faut établir plusieurs circuits de visite en fonction du temps disponible (5) F : Il ne faut pas sacrifier à une fausse modernité (7) G : On ne peut pas prendre le risque de l'échec (8)	H : Rendre au musée la totalité du Louvre en déménageant le ministère des Finances (4)
Article de Pierre BOULEZ		I : Les arguments des adversaires du projet relèvent de la mauvaise humeur, voire de la mauvaise foi, plus que de la compétence (1 - 2 - 3 - 5 - 9) J : Les adversaires du projet mélangent des arguments disparates (4) K : Un lieu n'est jamais définitivement achevé (6 - 7) L : Ce serait mal comprendre le respect dû aux anciens que de ne pas prolonger leurs œuvres (7 - 8) M : Le projet a été soigneusement étudié par les gens compétents (9 - 10 - 11) N : Le choix d'un projet est toujours un pari. Il faut savoir «parier pour le génie» (12-13-14-15)

DOCUMENT COMPLEMENTAIRE

Discussion rédigée correspondant au sujet étudié dans T.F. p. 109 (chapitre VI)

"Pensez-vous avec Alain que le bonheur puisse être le résultat d'un "art d'être heureux"" ?

Le plan suivi correspond au type 1 (variante b) décrit dans T.F. p. 117 : après avoir envisagé un certain nombre de critiques possibles du texte d'Alain, le développement présente des arguments qui rejoignent la position défendue dans ce texte.

1 - Point de vue critique

- qu'est-ce que l'art d'être heureux ?
- le vrai bonheur est tout autre chose
- l'art d'être heureux est une conception limitée
- c'est même une conception virtuellement dangereuse.

2 - Point de vue favorable

- il s'agit en fait d'une attitude réaliste et constructive
- elle a une dimension collective et pratique
- elle prolonge la sagesse de Voltaire ou de Montaigne.

Propos sur le bonheur : D'emblée, le titre de l'ouvrage d'Alain paraît paradoxal pour le lecteur moderne, plus habitué à entendre parler des malheurs du monde que du bonheur... Il est vrai que l'ouvrage est paru en 1910 - la belle époque -, avant les bouleversements militaires , sociaux et politiques qui caractérisent notre siècle. Autre paradoxe : le bonheur, tel l'amour heureux, a-t-il une histoire ? Peut-on en parler sans le détruire ? Ne s'agit-il pas plutôt d'un état ineffable que les mots ne suffisent pas à définir ? En ce cas, peut-il se ramener à un "art d'être heureux" ? Le texte d'Alain semble donc, à première lecture, surprenant, voire contestable. Mais peut-être a-t-il le mérite de définir une sagesse raisonnable.

Ce qu'Alain propose dans son texte, c'est un "art d'être heureux". Il emploie l'expression à plusieurs reprises et en précise le sens à travers plusieurs exemples. Ce qui caractérise cet art d'être heureux, c'est la discrétion sur soi-même, le souci de ne pas indisposer les autres ; c'est aussi l'acceptation de ce qui s'impose à nous, le mauvais temps par exemple. Il s'agit donc de "recettes" simples, de consignes à appliquer : le mot "art", conformément à son sens étymologique, désigne ici une technique qui permet d'être heureux.

Mais cet art d'être heureux suffit-il pour atteindre le bonheur ? Celui-ci, selon la définition du dictionnaire Robert, est un "état de la conscience pleinement satisfaite", qui s'impose à nous. Il est donné, révélé ; il n'est pas le produit d'une recherche volontaire. D'ailleurs Alain, dans son texte, n'emploie pas le mot bonheur ; il parle de gaieté, d'être heureux. Or le bonheur déborde ces sentiments en intensité, en extension : il apparaît comme une plénitude qui envahit l'être, une adhésion enthousiaste à l'ordre du monde. Il suffit de penser aux pages célèbres de Rousseau, évoquant dans les Rêveries du promeneur solitaire le bonheur qui l'envahissait lorsque, réfugié sur son île, il se sentait vivre au rythme de la nature. A ces pages font écho celles de Camus, célébrant les heures passées à Tipasa "à tenter d'accorder (sa) respiration aux soupirs tumultueux du monde" et découvrant peu à peu "une étrange certitude"... Rien de commun entre ces conceptions du bonheur existentiel et "l'art d'être heureux" élaboré par Alain.

Contrairement au bonheur, qui est communion avec le monde, l'art d'être heureux paraît en effet bien limité. Il se meut dans le domaine de la vie quotidienne et familiale, ou de la vie sociale au sens le plus étroit du terme. Plus qu'un art d'être heureux, Alain semble même nous donner un code de savoir-vivre à l'usage de cette société bourgeoise et protégée à laquelle le texte fait souvent songer, celle qui identifia le début du 20e siècle à la "belle époque"... Mais qu'aurait-il à nous dire face aux malheurs véritables - ceux qu'il signale sans insister à la l. 2 -, face aux guerres, aux massacres, aux famines, qui font que de nos jours on n'oserait peut-être plus tenir sans gêne des "propos sur le bonheur"... ?

La conception d'Alain pourrait même se révéler, non seulement étroite, mais dangereuse. S'il existait un art d'être heureux, la tentation ne serait-elle pas grande de vouloir l'enseigner, voire l'imposer à tous ? Qu'adviendrait-il alors des différences entre les individus, entre les peuples ? A proposer un modèle de bonheur uniforme, on courrait le risque de sacrifier bien des rêves individuels, dont pourtant l'accomplissement peut être source de richesse pour la collectivité. Pire encore, ne risquerait-on pas de voir se développer un "Meilleur des mondes" comme celui que décrit Huxley, où des techniques totalitaires imposent à tous un "bonheur" standardisé, un bonheur qui n'est plus que consentement imposé à des obligations sociales ?

Si l'on donne au mot "bonheur" son sens plein, il semble donc difficile de voir en lui le résultat d'un quelconque art d'être heureux. Toutefois la conception d'Alain n'est pas sans intérêt, à condition de la replacer dans la perspective plus restreinte qui est la sienne.

Alain a d'abord le mérite de proposer une attitude constructive et volontaire. On peut rêver du bonheur, l'espérer, peut-être en jouir. Mais que reste-t-il à ceux à qui il n'est pas donné ? Trop souvent l'idéal d'un bonheur absolu aboutit au désespoir devant la conscience du malheur universel, au pessimisme sans nuances. On peut songer, par exemple, à l'univers du théâtre de Beckett, à cette "Fin de Partie" dérisoire où l'idée même du bonheur ne suscite plus que des ricanements amers. Tout au contraire, la morale moins ambitieuse proposée par Alain est active en même temps que pratique. Même si c'est modestement, elle tente de lutter contre la mélancolie et la résignation, de construire un bonheur.

La conception d'Alain est également positive par sa dimension sociale. Il ne s'agit pas pour lui d'une recherche individuelle du bonheur mais d'une volonté d'éviter la tristesse, pour soi et pour les autres : art d'être heureux collectivement, art de faire, comme il le dit, de la "société des hommes" une "chose merveilleuse". La réflexion d'Alain porte en effet sur la vie quotidienne, où l'on n'est pas seul, et rappelle des principes qui peuvent certes paraître des vérités d'évidence mais qui ont le mérite de décrire un bonheur possible et non utopique. Si on accepte de le replacer dans ce cadre, l'art d'être heureux correspond à une morale collective et dynamique.

Alain n'est d'ailleurs ni le premier ni le seul à avoir proposé un tel modèle de comportement, positif et limité à la fois - positif parce que limité, limité pour être positif. On peut songer notamment aux pages souvent citées qui concluent le Candide de Voltaire : après avoir pris conscience que, contrairement aux leçons de son maître Pangloss, "tout n'est pas pour le mieux dans le meilleur des mondes", Candide n'aurait plus qu'à sombrer dans le désespoir s'il ne découvrait finalement un art de vivre qui n'est guère éloigné de celui que conseille Alain. Dans le cadre étroit et raisonnable d'un "jardin", Candide et ses compagnons travaillent ensemble pour le mieux en acceptant les limites et les qualités de chacun. Il est possible d'être heureux - sinon d'atteindre au bonheur - à condition de se situer à cette échelle délibérément limitée. Montaigne parvenait déjà à la même conclusion, lorsqu'il écrivait dans le 3e livre des Essais : "La grandeur de l'âme n'est pas tant tirer à mont et tirer avant comme savoir se ranger et circonscrire. Elle tient pour grand ce qui est assez, et montre sa hauteur à aimer mieux les choses moyennes que les éminentes. Il n'est rien si beau et légitime que de faire bien l'homme et dûment, ni science si ardue que de bien et naturellement savoir vivre cette vie...".

Toute la question est donc de savoir quel sens on donne au mot bonheur. Une longue tradition morale et littéraire voit dans le bonheur un état absolu, un état de grâce, parfois octroyé à l'homme mais peut-être plus souvent encore refusé. Ce bonheur là ne saurait assurément se ramener à un art d'être heureux. Mais peut-être existe-t-il une morale, une sagesse, qui permettent de parvenir à un bonheur moins ambitieux sans doute mais aussi plus probable et réaliste. De Montaigne à Alain, il y a là une autre tradition, qui tend à proposer un optimisme constructif aux dimensions de l'homme : il faut savoir cultiver notre jardin. Mais peut-être est-il difficile, à l'aube de la vie, de prendre pour idéal cette leçon de l'expérience ?

DOCUMENT COMPLEMENTAIRE

Article publié dans Le Monde du Jeudi 9 avril 1987 (cf exercice 7)

LE COMPLEXE D'UEBERROTH

Depuis les Jeux olympiques de Los Angeles, le défi est de présenter une gestion financière bénéficiaire

Par Michel HOURCADE (*)

Ce qui est arrivé au comité d'organisation des Jeux olympiques d'hiver - la démission de Jean-Claude Killy n'est pas si lointaine - incite à regarder au-delà des personnes et des rivalités de clocher. Situées dans leur environnement, les difficultés rencontrées en Savoie deviennent révélatrices de la sociologie complexe du sport, qui repose sur les deux notions fondamentales d'exercice du pouvoir et de logique économique.

Objet traditionnel de la science politique, l'étude du pouvoir ne peut trouver meilleur champ d'étude que les institutions sportives, singulièrement au niveau international. On ne saurait en effet ignorer que la seule organisation exerçant une autorité supranationale authentique est à ce jour le Comité international olympique, qui présente tous les attributs de l'ONU (charte, hymne, budget, universalité), avec le pouvoir en plus... Dans leurs disciplines spécifiques, les fédérations internationales détiennent un pouvoir tout aussi redoutable.

(*) Michel Hourcade : Auteur de Sport-system, éd. Syros, 1986.

Un secteur mixte

Le choix du site devant accueillir les Jeux olympiques en est la manifestation la plus éclatante : ne voit-on pas alors les nations les plus puissantes, les capitales les plus prestigieuses, engager des efforts et des sommes considérables pour fléchir l'autorité souveraine du CIO ? Il est difficile de s'étonner, dès lors, du peu de poids que représente une commune de montagne dans les calculs d'une organisation qui cumule le pouvoir politique, économique et technique : quand on peut évincer une capitale (Paris) au profit d'une métropole (Barcelone) en donnant comme gage une ville (Albertville), pourquoi s'arrêter à un village ?

Dans le domaine de l'économie, le sport s'inscrit, à la suite du tourisme et du loisir, dans un secteur mixte où se côtoient les préoccupations sociales et lucratives. Or, face aux enjeux astronomiques d'une compétition olympique, les décisions économiques ne peuvent souffrir la moindre ambiguïté. La joie des Savoyards, en octobre 1986, ne doit pas faire oublier la glorieuse incertitude du sport-business qui, de Lake-Placid à Montréal et de Mundial en Tour de France, a causé bien des déficits dans les finances des villes d'accueil. Devenir site olympique n'est pas, en effet, une fin en soi ; c'est l'obligation de favoriser simultanément une réputation locale, des résultats sportifs et des retombées économiques à moyen terme.

Depuis les Jeux de Los Angeles, c'est aussi le défi de dégager une gestion financière bénéficiaire. A cet égard, la réussite de l'Américain Ueberroth (élu "homme de l'année" par le magazine Time) fournit l'exemple d'un consensus collectif sur des objectifs précis, ce qui ne semble pas avoir été atteint en Savoie. Cette préoccupation économique, Jean-Claude Killy la possédait, mais il n'a sans doute pas su la faire partager. Ses partenaires savoyards étaient-ils d'ailleurs prêts à l'entendre et à la mettre en pratique ? Rien n'est moins sûr.

Y a-t-il lieu pourtant de craindre que l'organisation des Jeux olympiques d'hiver 1992 soit menacée et que les retombées économiques attendues fondent comme neige au soleil ? Cela est peu probable. La démission spectaculaire et chargée de symbole de Jean-Claude Killy est survenue suffisamment tôt pour que les esprits aient le temps de s'apaiser et que s'opère la prise de conscience des réalités sportives modernes, avec leurs contraintes et leurs avantages. Il n'est donc pas aventureux de pronostiquer le succès final d'Albertville... et de souhaiter bien du plaisir à Barcelone !

DOCUMENT COMPLEMENTAIRE

Synthèse de documents réalisée à partir de 5 textes sur le journalisme (cf T.F. p. 125). (Sujet proposé au B.T.S. Commerce international, 1985).

- Texte 1 : Le métier de journaliste

Je n'ai jamais personnellement éprouvé au moment d'écrire ce sentiment de puissance qui transforme, paraît-il, certains journalistes politiques en hommes d'action. L'écriture est une telle servitude, elle réclame une telle concentration, on y procède dans notre métier dans une telle fièvre et un tel tourment, que je ne vois pas comment le sentiment de puissance pourrait s'y loger. Ensuite, après la publication, il arrive, il m'est arrivé, de m'émerveiller des réactions, d'ailleurs bonnes ou mauvaises, qu'un article, un simple article de journal pouvait susciter. Mais sur ce plan, je veux dire celui de la grande audience, nous autres, collaborateurs de la presse écrite, sommes contraints à la modestie. La moindre allocution à la radio, le plus bref passage à la télévision ont fait pour ma notoriété mille fois plus que des quantités d'éditoriaux. En profondeur, c'est différent et c'est plus réconfortant. Au cours de mes conférences, il arrive qu'un jeune homme me cite un propos dont je ne me souviens pas, une analyse ancienne ou, mieux encore, une idée à laquelle j'accordais de l'importance en secret. Alors là, il ne s'agit pas de pouvoir, mais de prolongement d'harmoniques en l'autre... De quoi vérifier aussi que, par accident, par aventure, le journalisme échappe à la fatalité de l'éphémère.

C'est que deux choses ont toujours paru caractériser l'écriture : la solitude - écrire est une entreprise solitaire, on est seul au monde devant une page - et en même temps la distance. C'est-à-dire qu'à partir d'événements où l'on entreprend de restituer un fait, de traduire une idée, on rentre en soi pour retrouver ce fait et cette idée, mais, curieusement, en s'éloignant d'eux. C'est une impression qui m'a toujours paru mystérieuse : une intimité de la séparation et de la distance. Bref, éprouvant dans l'écriture cette solitude, cette distance, cet effort, mais aussi bien sûr, d'un point de vue purement artisanal et technique, parfois, ce plaisir, j'ai toujours été stupéfait de voir que chez d'autres s'y surajoutait le sentiment de pouvoir. Je peux mieux comprendre en revanche le sentiment de la création. J'ai des souvenirs précis. Camus faisait devant moi des articles avec les soins et parfois l'exaltation retenue du créateur. Michel Cournot aussi, qui corrige et corrige sans cesse ; et Clavel qui déclame et qui chante ses phrases dès qu'il les a écrites, pour éprouver les fautes de rythme, dit-il. Pour eux il n'est pas de différence entre un article et une oeuvre d'art...

A vrai dire, sauf encore une fois dans les grands reportages quand j'y reviens, ou quand je me permets - rarement - de transformer mes éditoriaux en une sorte de journal intime, je suis enclin, aujourd'hui, à associer l'écriture davantage à la responsabilité qu'au pouvoir. C'est un fait que notre journal (1), et certains d'entre nous, occupent dans le monde une position "morale", une position telle en tout cas qu'on sollicite, réclame et même exige de nous à chaque instant une protestation, une condamnation, la relation d'un manquement à la justice, à la liberté, on dit aujourd'hui aux droits de l'homme. Vous pouvez être présent partout, avoir l'impression qu'aucun conflit ou aucune pratique de la torture par exemple ne vous a échappé, il se trouve toujours quelqu'un pour vous accuser - amicalement ou non - d'avoir oublié le cas de son peuple, ou le sien propre, et interpréter cet oubli de manière accablante. Le nombre de négligences techniques auxquelles on a prêté une intention ténébreuse, qu'on a expliqué comme une sombre et tortueuse machination préparée de longue date, ce nombre est stupéfiant.

Que devient, dans de telles conditions, l'écriture journalistique, la responsabilité, le pouvoir ? Dans les voies où je m'aventure, celles où j'ai à formuler, malgré moi, un jugement sur l'univers politique ou sur l'actualité humaine, je prétends connaître de moins en moins de choses et je tente de ne pas ajouter aux malheurs du monde. Mais il est vrai qu'à l'époque de la violence, parce que j'ai su et je sais encore ce que peut signifier concrètement la violence, je n'ai pas envie de dire n'importe quoi n'importe comment. Il y a des choses que je me suis juré de ne plus faire ; des vérités que je me suis promis de ne plus taire.

Jean Daniel, L'ère des ruptures, 1979.

(1) Il s'agit du Nouvel Observateur.

- Texte 2 : L'information aujourd'hui

L'information est une maladie moderne, qui provient évidemment de la rapidité des moyens de transmission. On sait que les agences de presse du monde se battent pour transmettre une nouvelle trente ou quarante secondes avant leurs concurrentes.

On juge d'un bon ou d'un mauvais correspondant sur des différences d'une minute. Dans le fait (c'est-à-dire si l'on considère l'organisation du monde actuel, sa presse, les prétendus besoins d'information du public), un tel esprit de compétition se conçoit. En valeur absolue, cela paraît d'une absurdité complète : c'est le jeu de cache-tampon, il faut trouver le premier. Rien de moins naturel que la curiosité, que l'on a inoculée aux hommes, de savoir le plus vite possible ce qu'il advient sur les divers points du globe. Les informations, si détaillées qu'elles soient, et si honnêtes, deviennent abstraites dès qu'elles regardent un pays quelque peu éloigné. Une révolution au Paraguay, pour le lecteur de Paris ou de Toulouse, n'a pas plus de réalité que l'intrigue de Bajazet. Racine prétend à juste titre que "l'éloignement des pays répare la trop grande proximité des temps", et que "le peuple ne met guère de différence entre ce qui est à mille ans de lui et ce qui en est à mille lieues".

L'information, telle qu'elle se pratique aujourd'hui, comporte quelque chose d'abstrait et d'inactuel qui est exactement le contraire de ce qu'elle veut signifier. Les événements tragiques ou heureux du monde, les crimes, les larmes, les massacres, les sauvetages, les mariages princiers, les pêches miraculeuses, les prouesses de la médecine, les dévouements surhumains, les héroïsmes désespérés, les cris ou les sourires des peuples, en passant par les télétypes des agences, semblent se vider de leur substance. De ces bonheurs, de ces souffrances, de ces vacarmes, de cette chair, il ne parvient qu'un récit sec et sans couleur, qui ne parle à aucune imagination, et apprend moins que le plus médiocre roman. Les journalistes mettent leur honneur à être vrais. Mais la vérité laisse son âme au bureau du télégraphe.

La célèbre phrase : "le public a le droit de savoir", n'est, bien entendu, qu'un slogan publicitaire forgé pour légitimer le journalisme. Quant aux boniments selon lesquels il faut "penser le monde" et ainsi de suite, ils ne signifient rien. Pendant dix mille ans, le public s'est moqué parfaitement de penser le monde. Le seul résultat tangible, c'est que jamais autant qu'à notre époque surpeuplée et surinformée, où le moindre fait divers en Mandchourie, le moindre calembour du dernier Canaque de Nouvelle-Calédonie est porté dans les deux heures à la connaissance du public international, on n'a assisté à la consécration de tant de bêtises.

On voit le but de l'information : servir la politique des gouvernements, c'est-à-dire modeler l'opinion publique dans l'infaillibilité de laquelle on feint de croire, tout en sachant qu'elle n'est ni raisonnable, ni morale, ni juste.

Je me demande souvent quelle peut bien être l'âme d'un journaliste dont la vie se consume à rechercher des informations. Cette myriade d'événements qui se recouvrent d'un jour sur l'autre, cet effort constant et passionné pour saisir ce qu'il y a de plus fugace dans l'existence, ce présent perpétuel et morcelé, cette course incessante après l'événement pour la lâcher dès qu'on l'a attrapé, cela doit faire des êtres tout à fait futiles ou tout à fait désespérés.

Jean Dutourd, Le fond et la forme, 1958.

- Texte 3 : Approches de quoi ?

Ce qui nous parle, me semble-t-il, c'est toujours l'événement, l'insolite, l'extraordinaire : cinq colonnes à la une, grosses manchettes. Les trains ne se mettent à exister que lorsqu'ils déraillent, et plus il y a de voyageurs morts plus les trains existent, les avions n'accèdent à l'existence que lorsqu'ils sont détournés ; les voitures ont pour unique destin de percuter les platanes : cinquante-deux week-ends par an, cinquante-deux bilans : tant de morts et tant de blessés sur les routes et tant mieux pour l'information si les chiffres ne cessent d'augmenter ! Il faut qu'il y ait derrière l'événement un scandale, une fissure, un danger, comme si la vie ne devait se révéler qu'à travers le spectaculaire, comme si le parlant, le significatif était toujours anormal : cataclysmes naturels ou bouleversements historiques, conflits sociaux, scandales politiques.

Dans notre précipitation à mesurer l'historique, le significatif, le révélateur, ne laissons-nous pas de côté l'essentiel, le véritablement intolérable, le vraiment inadmissible ; le scandale, ce n'est pas le grisou, c'est le travail dans les mines. Les "malaises sociaux" ne sont pas "préoccupants" en période de grève, ils sont intolérables vingt-quatre heures sur vingt-quatre, trois cent soixante-cinq jours par an.

Les raz de marée, les éruptions volcaniques, les tours qui s'écroulent, les incendies de forêts, les tunnels qui s'effondrent, Publicis qui brûle et Aranda qui parle ! Horrible ! Terrible ! Monstrueux ! Scandaleux ! Mais où est le scandale ? Le vrai scandale ? Le journal nous a-t-il dit autre chose que : soyez rassurés, vous voyez bien que la vie existe, avec ses hauts et ses bas, vous voyez bien qu'il se passe des choses.

Les journaux parlent de tout sauf du journalier. Les journaux m'ennuient, ils ne m'apprennent rien ; ce qu'ils racontent ne me concerne pas, ne m'interroge pas et ne répond pas davantage aux questions que je pose ou que je voudrais poser.

Ce qui se passe vraiment, ce que nous vivons, le reste, tout le reste, où est-il ? Ce qui se passe chaque jour et qui revient chaque jour, le banal, le quotidien, l'évident, le commun, l'ordinaire, l'infraordinaire, le bruit de fond, l'habituel, comment en rendre compte, comment l'interroger, comment le décrire ?

Interroger l'habituel. Mais justement, nous y sommes habitués. Nous ne l'interrogeons pas, il ne nous interroge pas, il semble ne pas faire problème, nous le vivons sans y penser, comme s'il n'était porteur d'aucune information. Ce n'est même plus du conditionnement, c'est de l'anesthésie. Nous dormons notre vie, d'un sommeil sans rêves. Mais où est-elle notre vie ? Où est notre corps ? Où est notre espace ?

Georges Pérec, Course commune, n° 5, février 1973.

- Texte 4 : Théâtre de papier

Je ne suis pas sûr que la corporation des journalistes, prise dans son ensemble, ait très bonne presse auprès de son propre public. Certes, il y a le "mythe" : le Grand Journaliste qui démasque l'imposture, révèle les magouilles, dénonce les scandales et fait trembler les pouvoirs, Robin des Bois de la machine à écrire. Le cinéma (américain, en particulier) en a proposé de multiples spécimens à l'admiration des foules extatiques...

Mais cette recherche du "scoop" a son revers, parfaitement illustré par la pitoyable aventure des Carnets de Hitler. En réalité, je crains fort que ce ne soit cette dernière image qui s'impose auprès de l'opinion : celle de journalistes sans scrupules, prêts à tout pour obtenir leur exclusivité et la vendre le mieux possible. Non sans raison : le procès du sensationnalisme, de la révélation dite aiguë, du "scoop" faisandé, n'est plus à faire.

Mais il faut aller au-delà de ces généralités, de ces clichés. Comme nous y invitait, l'autre soir, "l'interview", de Thierry Nollin, sur FR 3. Point de départ : un journaliste de province est chargé d'enquêter sur la tentative d'enlèvement du vice-président du C.N.P.F. par un jeune ouvrier. Seul parmi ses collègues, il réussit à rencontrer le père de l'apprenti rapteur. Comment l'amener à confier ce qu'il sait de son fils ? Ou, plus brutalement : comment le faire parler (c'est l'analogie journaliste-flic, si souvent utilisée) ?

Tel est le dilemme : les lecteurs ont droit à une information plus complète, plus vivante sur ce fait divers qui, demain, fera la une. Il est le seul en mesure de la fournir. Mais jusqu'où peut-il aller pour l'obtenir ? Que vaut ce droit à l'information face à l'intime tragédie d'un homme ?

Et pourtant, c'est ainsi que la presse vit. Et c'est ce que réclament les lecteurs. Ces petits détails, ce "vécu" dont ils sont si friands, il faut bien que quelqu'un les débusque, les obtienne...

La réalité du journaliste, c'est qu'il est celui qui passe, et puis s'en va. Après avoir pris à ceux qui restent le pollen dont il fera son miel. Il n'est pas seulement un voyeur. Il est aussi un voleur. Et il ne peut pas faire autrement : il est là pour ramener l'information. Donc pour la prendre. Il faut bien alimenter la machine.

Il est, aussi, truqueur. Pour les besoins de l'histoire, du plaisir des lecteurs à la lire, et du sien propre à l'écrire. La vérité (avec tous les guillemets correctifs qui s'imposent) passe par ses mots. Ce qu'il a vu, entendu, il le recompose, il le réinterprète. Forcément, quelque chose se perd en route. Du réel. Remplacé par le style, la mise en scène. Coups de pouce indispensables de la fiction à la réalité.

C'est finalement, quelque chose de tout à fait tordu, la presse. Un moyen d'information. Un intermédiaire pour mieux saisir, appréhender la complexité du monde. Mais aussi un univers en soi, un organisme protubérant, envahissant, qui finit par trouver en lui-même sa propre finalité, par imposer ses lois, ses mécanismes.

On peut (on doit) crier haro sur les margoulins, les escrocs, les marchands de soupe et autres brebis galeuses. Reste qu'ils ne sont que les extrêmes d'un système qui, dans son ensemble, fonctionne selon les mêmes règles (voler et truquer). Et dont nous ne pouvons plus nous passer. Un auto-vampirisme à l'échelle d'une civilisation.

Le monde, désormais, n'existe plus que mangé, digéré, recraché par la presse. Et si nous n'étions plus que les protagonistes d'une gigantesque fiction, les ombres d'un théâtre de papier, oubliant, peu à peu, ce réel que nous croyons étreindre ?

Alain Rémond, Télérama, n° 1742, 1er juin 1983.

- Texte 5 : Une lutte nécessaire

La société de consommation est en réalité une société de l'apparence. Les médias y jouent leur rôle qui consiste notamment à faire prendre l'image de la réalité pour la réalité elle-même.

Les individus des sociétés développées tendent de plus en plus à préférer l'image au réel : Daniel Boorstin a rudement mais justement mis en évidence le comportement du touriste qui, au lieu de regarder un paysage magnifique (celui des chutes du Niagara), se précipite derrière le viseur de son appareil photographique. L'expérience médiatisée (passée au crible des médias) est préférée à l'expérience directe.

Contre ce monde qui se prépare, il est à la fois possible et nécessaire de lutter, mais l'on doit savoir que ce n'est pas en le refusant. Il faut s'adapter à lui, c'est-à-dire prendre conscience de sa véritable nature et forger rationnellement les armes les plus adéquates pour gagner cette bataille. Un monde construit par l'homme, comme l'est celui des médias peut toujours être transformé par lui.

L. Porcher, Vers la dictature des médias ? 1976.

. On pourra par exemple relever dans ces textes les arguments suivants :

- Texte 1 (Jean Daniel)

A . Le journalisme n'est pas un pouvoir
(surtout celui de la presse écrite, qui a peut-être plus d'influence profonde, mais moins de retentissement que la presse audio-visuelle)

B : Le journalisme implique la solitude et la distance par rapport aux événements

C : Pour certains, il est même une création d'ordre artistique

D : En tout cas, il implique une responsabilité
(il doit mériter son autorité morale et pour le moins "ne pas ajouter aux malheurs du monde")

- Texte 2 (Jean Dutourd)

Critique de l'information moderne, transmise instantanément dans le monde entier :

A : Elle ne fait qu'entretenir une curiosité artificielle
(ce qui est loin de nous ne nous intéresse pas)

B : Tout ce que transmet l'information perd son âme et sa substance

C : L'information ne fait que diffuser et consacrer "des bêtises"

D : En fait elle sert à "modeler l'opinion publique" et à "servir la politique des gouvernements"

E : Les journalistes ne peuvent être que "futiles ou désespérés"

- Texte 3 (Georges Pérec)

A : L'information privilégie "l'événement, l'insolite, l'extraordinaire"

B : Elle ignore le quotidien et les vrais problèmes

C : Par là elle anesthésie, elle ne parle pas de ce qui nous concerne vraiment.

- Texte 4 (Alain Rémond)

A : Certes il existe un mythe du "Grand Journaliste" redresseur de torts

B : Mais la réalité est plutôt la recherche du "scoop", de l'information à tout prix

C : Pour cela, le journaliste est amené à se faire "voyeur", "voleur", "truqueur" : c'est là la logique même d'un système qui trahit le réel

- Texte 5 (Louis Porcher)

A : La société de consommation est une société de l'apparence : les médias substituent une image fabriquée à la réalité

B : On ne peut lutter contre cette logique qu'en la connaissant et en la transformant de l'intérieur

. A partir de là, on peut proposer la synthèse suivante (les chiffres romains renvoient aux textes et les lettres aux arguments identifiés ci-dessus) :

1. Le journalisme ignore la réalité

III a + b
II a + b + c

conséquences de cette situation :

III c
II e

2. Plus grave : le journalisme trahit la réalité

II d (mais I a)
V a
IV b + c

3. Vers une conception plus positive du journalisme ?

IV a (vision sans doute utopique)
et plutôt : I b + c + d
une telle conception permettrait peut-être V b

Ces dix fiches et les exercices correspondants ne prétendent pas constituer un cours exhaustif de grammaire française. Elles cherchent seulement à analyser quelques-unes des difficultés d'expression que rencontre un rédacteur dès qu'il entreprend de rédiger un texte suivi et cohérent. C'est ce champ qu'étudie depuis quelques années la grammaire textuelle, sur laquelle on trouvera quelques indications en bibliographie.

En ce domaine, plus encore que dans celui de la grammaire de phrase, il n'y a pas toujours une unique solution correcte. Beaucoup des exercices que nous proposons sont des exercices de réécriture : on peut souvent envisager plusieurs façons de s'y prendre, et les corrigés que nous proposons ci-dessous ne prétendent surtout pas à fixer une norme, mais seulement à suggérer des manières de procéder. Les difficultés rencontrées dans la transformation d'un texte sont souvent aussi éclairantes que les solutions possibles. L'important nous paraît être de s'habituer à manipuler la langue et les textes en étant conscient de ce que l'on fait et en gardant présente à l'esprit l'exigence essentielle de cohérence : à côté de la cohérence d'ensemble qu'étudient les chapitres III à VII, la cohérence de la rédaction est en effet un autre facteur de la clarté et de l'intérêt d'un texte.

F I C H E 1

1.

A Depuis 1914, notre entreprise a grandi (...) ; l'actuelle campagne de recrutement s'inscrit dans cette logique (...). A la fin de 1983 (...) 300 emplois. L'an dernier a été marqué par l'affectation de 11,4 % de la masse salariale (...).

1983 a été une bonne année pour IBM France car notre croissance a été forte (...) et notre bénéfice net (...). 1984 s'est engagé avec la poursuite d'une importante campagne de recrutement parce que nous voulons (...) et que nous venons de lancer (...) originaux. La période écoulée a vu incontestablement un événement marquant avec l'ordinateur personnel IBM, grâce au rôle de premier plan (...).

C'est dans la voie de l'avenir que s'inscrit la fabrication (...). En 1983, nous n'avons enregistré (...), ce qui montre que nos collaborateurs se sentent bien chez nous, même si, naturellement, il nous faut assurer (...).

B IBM France entreprend aujourd'hui une campagne de recrutement qui s'inscrit (...). IBM France et ses filiales comptaient (...). L'entreprise a donc, avec une embauche de 875 personnes, créé près de 300 emplois. La compagnie (...). IBM France a connu en 1983 une bonne année. Elle a réalisé une forte croissance ; elle a obtenu un bénéfice net (...).

IBM France a poursuivi en 1984 (...). Elle veut se doter (...). Elle vient de lancer (...). IBM a créé incontestablement un événement marquant avec l'ordinateur personnel (...).

Enfin IBM fabrique les premières cartes (...) ce qui est significatif (...). L'entreprise doit naturellement (...). Elle n'a enregistré en 1983 que 229 démissions (...) ce qui prouve que ses collaborateurs (...).

2. L'appropriation de cet arrière-pays (...) notamment. Ce phénomène a pu poser des problèmes dans certaines communes, sans que ce soit spécifique à la présence d'étrangers. Car un étranger, pour un viticulteur de l'arrière-pays, c'est aussi bien le Parisien que le Hollandais, tout habitant d'une résidence secondaire à partir du moment où il n'est pas le fils du viticulteur qui habitait là. Celui-ci seulement est considéré comme du pays, alors que tout autre est un étranger. Cette qualification d'étranger n'est pas une xénophobie au sens propre mais plutôt au sens régional...

3. Une culture vivante (...) générale. Elle serait accessible à tout le monde. Elle ne favoriserait aucune personne par rapport à d'autres (...). Ces savoirs sont bien diffusés par les médias mais ceux-ci ne diffusent pas que des choses positives ; ils gorgent les hommes (...). Une culture moderne offrirait aux gens des moyens technologiques et leur ouvrirait les yeux (...). Elle permettrait une véritable égalité entre les hommes car ils connaîtraient (...).

4. On pourrait obtenir par exemple pour la première phrase :

- progression à thème constant :

Un établissement scolaire (...) rencontre. Il est aussi pour eux, certes, le lieu d'un apprentissage. Il est un passage obligé avec ses règles et ses contraintes : il paraît dès lors à certains un lieu clos. Mais le lycée ou le collège, c'est aussi pour beaucoup un lieu d'ouverture aux autres et à soi-même... (etc).

- progression linéaire :

Un établissement scolaire (...) rencontre. Cette vie a ses règles, son langage, son rythme, ses initiés et ses exclus. Mais ces exclus, que le système scolaire semble rejeter, entretiennent à l'égard de celui-ci des sentiments ambigus. Ces sentiments s'expriment parfois agressivement... (etc).

- progression éclatée :

Un établissement scolaire (...) rencontre. Un lieu de vie : vie scolaire certes, mais aussi vie sociale et affective puisque les adolescents passent dans le cadre scolaire l'essentiel de leur temps. Lieu de rencontres également : rencontres avec les autres, pareils et différents, rencontres avec le monde adulte même si le dialogue n'est pas toujours facile. Rencontre enfin, peut-être, avec soi-même... (etc).

FICHE 2

1.

Deuxième paragraphe :

Commencés dans la soirée du dimanche précédent, ces combats avaient repris le lundi en fin de soirée (...). A la date du mercredi ils avaient déjà fait (...).
Les dortoirs (...) avaient été atteints (...). Dans la matinée du mardi (...).
Le même jour des échanges d'artillerie avaient fait (...). Le palais présidentiel avait été atteint (...).

2.

A On apprit le mercredi x que les deux Français (...). Il s'agit du journaliste (...). Tous deux s'étaient passionnés (...). Ils n'étaient pas les premiers (...) des groupuscules armés qui cherchaient (...). Mais on ne savait rien du groupe qui était en cause en la circonstance et les mobilisations (...) furent désarmés (...).

B Dans la nuit du samedi au dimanche x, à partir d'une heure du matin, TF1 eut le mérite de passer pour une fois (...). Tout Français (...) ghettos. Mais cela n'était rien à côté de la manière dont était traitée habituellement la musique arabe sur les chaînes de télévision françaises, malgré l'habitude des médias d'insister sur les millions d'Arabes vivant en France.

C Les difficultés incessantes du bâtiment.

Malgré la déclaration du ministre qui annonçait une amélioration (...) bâtiment, les prix des logements restaient inabordables. D'ailleurs quinze jours après la déclaration ministérielle les multiples organisations du secteur multipliaient encore les démentis.

3. Le vacancier qui a moins de 26 ans doit mettre la carte jeune dans sa poche : elle lui donnera (...). Avec elle de 5 à 30 % de ristournes lui seront accordées (...) sur ses transports, son hébergement, ses achats et ses loisirs (...)

4 Jeudi 19 septembre à 7 h 19 tout commença (...) Quelques dixièmes de seconde plus tard le sol se mit à tanguer. Il ne faut (...) que l'infime laps de temps qui fait passer (...). Mais entre l'idée d'un séisme (...) et le danger ou entre l'inconscience et la frousse.

Plusieurs minutes plus tard, 2, 3 et même 4, le temps pour les témoins de songer (...) : ne pas recevoir le téléviseur sur la tête, atteindre un vêtement, un endroit éloigné de 2 mètres dans la même pièce, c'est-à-dire inaccessible... Des cris s'élevèrent dans les couloirs. Dans le noir une femme hurlait sans arrêt. Des bruits très violents résonnaient de tous côtés.

A la fin du tremblement de terre, les clients (...) se retrouvèrent dans le hall (...). Mais il n'y eut pas de panique car il ne s'agissait pas d'un incendie mais de poussière. Les clients sortirent et se mirent à rire nerveusement.

5. Comment imaginer qu'une minute de volée blesserait (...) escroqueries ? Lorsque la chaîne repartit (...) les hurlements jaillirent de tous les coins de l'atelier pour protester : ce n'était pas l'heure, il restait encore une minute, et traiter les patrons de salauds. Et les cris, les caoutchoucs de voler en tous sens, les conversations de s'interrompre, les groupes de s'égailler en hâte. Mais la minute était volée, tout le monde reprit, personne ne voulait couler (...). Pourtant, elle manquait aux ouvriers, cette minute. Elle leur faisait mal (...) réponse. Une minute, une minute leur avait été volée. C'était celle-là précisément qui les aurait reposés, et elle était perdue à tout jamais. Parfois quand même le mauvais coup des patrons ne marchait pas : les travailleurs avaient supporté trop de fatigue, trop d'humiliation et ils se juraient de ne pas abandonner cette minute, de ne pas se la laisser voler : au lieu de retomber, le vacarme de la colère s'enflait, tout l'atelier bourdonnait. Ça hurlait (...) finissaient (...) coupaient le courant, faisaient arrêter à nouveau. Les chefs accouraient, s'agitaient pour la forme, brandissaient leur montre. (...) la minute s'était écoulée en douce. Cette fois, elle avait été gagnée par les ouvriers, la chaîne repartait sans contestation. Les ouvriers avaient défendu leur temps de pause, ils se sentaient tellement mieux reposés. C'était une petite victoire. Il y avait même des sourires sur la chaîne.

6. - Supprimer "J'ai dit que" (l. 6).
"O lumière" (2ème colonne, l. 2).
"Je me souviens" (2ème colonne, l. 4).

- Transformer l. 4 (2e colonne) ➤ "l'écorce d'un arbuste, de loin, me paraissait si bizarre que je dus me lever...".

- Supprimer "Je me souviens" (2e colonne, l. 7).

- Transformer l. 7 (2e colonne) ➤ "Je me demandais si c'était ce matin-là...".

FICHE 3

1.

A Le 19 septembre, M. Laurent Fabius (...) a précisé que les développements (...) méritaient d'être soulignés, que plus de 2 millions de cartes étaient déjà commandées et qu'elles commenceraient(...).

B W. Mandela écrit que l'apartheid (...), que les antiségrégationnistes au nom de qui elle parle ont besoin (...), qu'ils croient que ce soutien (...) et qu'ils demandent à ceux qui les écoutent de rompre dès maintenant (...).

C Le président du Pérou a répondu au journaliste qui lui demandait s'il voulait négocier avec Sentier lumineux qu'il ne pouvait pas imaginer (...), que ce type de négociation ne l'intéressait pas. Mais il a ajouté qu'il ne voulait ni ne pouvait pas (...). Il a déclaré que de ce point de vue il y avait des signaux, des indices suffisants pour que lui et son gouvernement pensent (...).

D Ph. Stark déclare qu'il s'insurge (...), que les ressources (...), qu'il trouve scandaleux (...) et immoral (...). Il conclut qu'aujourd'hui (...).

E Un lecteur du Nouvel Observateur écrit qu'il n'apprécie guère (...). Il demande si l'on ne sous-entendrait pas que (...) ou bien si on les considère (...). Il demande d'autre part si le seul fait d'être immigré dégagerait (...).

2. Il est onze heures (...) Morland qui annonce que Philippe est arrivé, que celui-ci a vu Robert huit jours auparavant, que ce dernier allait bien. J'explique que j'ai vu Perroti, qu'il paraît que (...) et je demande ce que sait Philippe. François répond que c'est vrai, que Robert a essayé de s'évader, qu'il a été repris (...). Je l'interroge alors sur la date où Philippe a vu Robert pour la dernière fois (...). François raconte que les deux hommes s'étaient évadés ensemble, que Philippe était assez loin, que les Allemands (...), que Robert qui était sur le bord de la route a été battu, que Philippe a attendu mais n'a pas entendu (...). Je lui demande si c'est sûr. Mon interlocuteur me le confirme. Je remarque que c'est peu et demande si Philippe n'a pas revu Robert plus tard. Silence. Mon interlocuteur me répond que non (...) qu'il s'était évadé. J'insiste pour savoir la date. Il me répond que c'était le treize (...).

3.

A La chambre (...) demande si oui ou non la France veut (...).

B Dans les couloirs (...) province se répand la question de savoir à quoi sert de rénover si (...).

C La C.G.T. se demande si Renault va sacrifier (...).

D Après avoir (...) sortir. Elle se demùandait si c'étaient (...) et ce qu'étaient donc devenus (...).

E Six groupes de travail avaient à se demander :

1) quels seraient les contenus et les modes de transmission (...).

2) quels seraient les métiers, les qualifications, la production.

3) comment améliorer (...).

4) quels coûts et quelles ressources étaient à prévoir pour l'éducation de demain.

5) ce que nous savons (...) et comment éviter (...).

6) comment faire connaître (...).

F On peut se demander pourquoi le football tue ses fidèles (...).

4 Je me suis demandé si les journaux avaient une idée (...), et s'il y avait eu sur ce point (...) de sondage, avec toutes les subdivisions (...). Je me suis également demandé s'il y avait eu (...) que j'avais évoquées.

5 Je souhaite que, pour mieux comprendre (...), on connaisse la cité grecque (...) et que, pour mieux comprendre les relations entre les pays, on ait pratiqué (...).

6

A Elle me demanda : "Ai-je déjà fait ce rêve ou est-ce une vision qui m'a poursuivie à une période où l'idée de mort a failli me submerger ?".

B Depuis cette époque (...) désir. "Pourquoi, pensait-il, ne me consacrerais-je pas tout entier (...) ?".

C Dans le catalogue (...), Cioran raconte : "J'avais l'habitude d'aller (...) d'un vrai plasticien".

FICHE 4

1.

A Celle-ci a vu naître... Celle-là (ou : cette structure)...

B Ceux-ci ont tendance à se méfier des nomades qui sont jugés indésirables...

C ... la violence est un phénomène nouveau dans notre société qui n'arrive pas à l'endiguer (ou : celle-ci n'arrive pas...).

D ... un recul de l'inflation. Celle-ci est en baisse très nette par rapport à la période correspondante de l'année dernière qui avait été marquée...

2.

A Elle (ou : celle-ci) défoule le lecteur... elle l'entraîne... Fonction estimable qui le délivre... qui le distrait.

B Elle (ou : cette occupation) est devenue... Nous la voyons...

C Elle est aussi ce qui unit... Qu'elle soit... la danse est trait d'union... Elle inclut ceux qui s'y adonnent ou la contemplent...

D les rôles dont elles abandonnent l'exclusivité... ceux qui leur restent en propre... elles obtiendraient alors... il leur faudrait obéir...

E le seul moyen d'en alléger la pesée est de la libérer... La peur, dès qu'elle est exprimée... ce qui la rendait insoutenable...

F il leur suffit... aucune conséquence pour eux. Le dehors ne les touche pas.

G ... rentrent de droit dans l'essence de la fête. Celle-ci se termine volontiers ...

3. Titre : obligation de laisser le nom de la marque.

1er § : la société

2e § : de cette société...

3e § : la direction...

4e § : des fenêtres pour toits en pente...

5e § : cette entreprise...

4.

A Cette manifestation

B Ce résultat (cette désillusion)

C Cette catastrophe

D Cette progression

E Cet attentat

F L'hypothèse d'une défaillance technique

G Cette déclaration

H Cette prise de position

5.

A Ces inconvénients (ces contraintes)

B Ce mouvement (ce processus)

C Cette dégradation (ce diagnostic, ce constat`

D Ce cloisonnement

E Ce raisonnement (ce choix).

FICHE 5

1.

- Les hommes... il y a 20 000 ans des oeuvres que le Musée de l'Homme expose aujourd'hui.
- Les oeuvres des hommes préhistoriques dont il présente des reproductions.
- ... fermer les grottes où les hommes préhistoriques inventèrent l'art.
- ... il y en a de célèbres qu'il est impossible de voir sur les sites.
- ... un puits profond de 5 mètres dans lequel elle a été peinte voilà environ 17 000 ans.
- L'enseignement classique qui procurait à ses disciples un contact étroit avec les livres leur laissait ignorer...
- ... le forum de Rome où beaucoup de spécialistes... n'avaient jamais mis les pieds.
- ... des caractéristiques... qui le distinguent...
- ... la bibliothèque nationale dont les réserves offrent...
- ... la bibliothèque nationale où l'on trouve...
- ... un phénomène complexe dont l'étude...

2.

A Les jeunes d'aujourd'hui, qui ont besoin d'indépendance, cherchent vite...

B Les pays producteurs de pétrole, dont l'économie dépend entièrement des cours de l'or noir, cherchent...

C Les Etats-Unis, dont l'économie est très puissante, éprouvent pourtant...

D Les sportifs de haut niveau, qui doivent maintenir leur condition physique, suivent des régimes...

3.

A Une ville d'art, où les touristes... (supprimer y)

B Un ouvrage dont les premiers lecteurs... (supprimer en)

C Ce roman, où l'auteur décrit... (supprimer y)

D ... dont j'aurais eu besoin de me servir... (supprimer en).

FICHE 6

1.a

A Car ou en effet

B Par conséquent ; Mais

C En effet ; De plus ; Donc

D Mais ; De plus ; Mais ; Donc ; D'une part ; D'autre part ; Enfin

E C'est pourquoi ; A cette fin ; Donc

1.b

A ... des reproductions... parce qu'on est obligé...

B Lascaux est fermé depuis 1963, si bien que ce que l'on va voir... ce sont des reconstitutions... encore que ces reconstitutions soient...

C ... jamais ouvertes au public parce que... spécialiste, sans compter qu'ils étaient désintéressés, si bien qu'ils étaient en avance...

D ... ne rien représenter du tout, alors que ces fouillis... prodigieux, sans compter que de tels fouillis... ornées, bien que nous ne les voyions pas, de telle sorte que l'art... pour 3 raisons, soit que les grottes se ferment, soit encore que nous ne voulions ou ne puissions tout en voir, soit enfin que nous n'en comprenions pas le sens.

E La reconstitution réclame beaucoup de précision si bien que les spécialistes... et qu'ils ont transporté leur matériel... de sorte que les reconstitutions...

2.

a
- Les milieux... sont inquiets car (parce que, du fait que) la crise s'étend...
- Les milieux... sont inquiets à cause de la crise... qui s'étend...
- Les milieux... sont inquiets : la crise s'étend...
- La grande inquiétude des milieux... est provoquée par la crise qui s'étend...

b
- Le nombre de chômeurs s'est encore accru mais (néanmoins, cependant, toutefois ...) l'INSEE...
- Bien que le nombre de chômeurs se soit encore accru, l'INSEE...
- Le nombre de chômeurs a beau s'être accru, l'INSEE...
- En dépit de (malgré) l'accroissement continu du nombre de chômeurs, l'INSEE...

c
- L'indice des prix est en régression ; donc la France...
- L'indice des prix est en telle régression que la France...
- La régression de l'indice des prix fait que la France...
- L'indice des prix a régressé au point de rapprocher la France...
- L'indice des prix est en régression : la France...

d - ... trop de feuilletons étrangers, en conséquence les créations...

- ... tant de feuilletons... que les créations...

- ... trop de feuilletons... ce qui constitue une menace pour les créations...

- ... trop de feuilletons... au point de menacer les créations...

- ... trop de feuilletons : les créations...

e - Beaucoup de grands films... cependant...
- Bien que beaucoup de grands films soient sortis...
- Beaucoup de grands films ont beau être sortis...
- En dépit du grand nombre de films sortis...
- Beaucoup de grands films sont sortis... ; l'industrie cinématographique n'en est pas moins en crise.

f - L'été 85... en France. Aussi la récolte viticole sera-t-elle...
- L'été 85... de sorte que la récolte...
- L'été 85 a été marqué par une telle sécheresse que la récolte...
- La longue sécheresse qui a marqué l'été 85 produira une récolte...
- L'été 85... en France : la récolte sera exceptionnelle...

g - Les éditeurs sont enchantés, car la réforme...
- Les éditeurs... parce que la réforme...
- Les éditeurs sont enchantés à cause de la réforme qui...
- Les éditeurs sont enchantés : la réforme...
- Les éditeurs... à qui la réforme... ouvre un marché neuf... sont enchantés.

h - Il n'y a pas assez d'informaticiens... en effet les jeunes Français...

- Il n'y a pas... parce que...

- Il n'y a pas... : ceci résulte du manque de formation...

- Le manque d'informaticiens résulte du manque de formation...

- Il n'y a pas... en raison du manque de formation...

- Les jeunes Français, insuffisamment formés... ne fournissent pas assez d'informaticiens...

i - ... de même, le développement du tourisme rural...

- De même que l'industrie du tourisme... de même le développement...

- L'industrie du tourisme... les sports de neige, auquel s'ajoute le développement...

- L'industrie du tourisme a deux motifs d'être satisfaite : l'engouement des Français... et le développement...

- L'industrie du tourisme se félicite non seulement de l'engouement... mais encore du développement...

j - Les aiguilleurs ont obtenu... ; pourtant, ...
- Alors que les aiguilleurs ont obtenu... ils n'ont pas eu besoin...
- Les aiguilleurs ont obtenu... sans avoir besoin...
- Les aiguilleurs... pour obtenir... n'ont pourtant pas eu besoin...
- Les aiguilleurs... salaire : eux n'ont pas eu besoin...

3.

a - Parce que l'été... les touristes...
- L'été... de sorte que les touristes...

b - Parce que les progrès... il a été créé...
- Les progrès... si bien que...

c - Parce qu'il paraît... les nouveaux auteurs...
- Il paraît un si grand nombre de romans que les nouveaux auteurs...

d - Parce que la fin du premier Empire... le romantisme...
- La fin du premier Empire... de sorte que le romantisme...

e - Parce que tout texte... l'histoire des idées...
- Tout texte... si bien que l'histoire des idées...

4.

A Même de grands thèmes... Il existe cependant... se fonde en effet... tandis que les médias...

B C'est pourquoi une guerre... Mais ces conditions... Il faut aussi... Ainsi peut-on parler... mais non pour la guerre de 1939-1945...

C De plus, il s'est accoutumé... Il voit donc dans la fortune publique...

D Car le Français... De même que les privilèges... Car s'il est vrai que les Français...

E Il n'existe en effet que peu de rapports... Il faudrait donc pouvoir déterminer ... Mais il est très délicat... Et lorsque l'on déplore... Il faut donc constamment...

F Mais, pour prendre cette voie... Perdre donc leur spécificité... Mais on peut aussi se demander... Mais les sociétés travailleuses...

G Mais, pour les jeunes... Or, la vie d'un jeune... Or, cette dimension... C'est pourtant cela...

H Car ses moyens financiers... Cependant, le soutien politique... Mais il est douteux... Cependant, désormais, il faut compter... Mais l'enjeu régional... Cependant, à terme... Et pourtant, elles tournent.

F I C H E 7

1.

a Victor Hugo est-il toujours actuel ?
ou : on peut se demander si Victor Hugo est toujours actuel.
ou : on peut dire que Victor Hugo n'est plus actuel.

b Les romans de Balzac risquent d'ennuyer le lecteur qui est tenté de sauter les descriptions.

c On peut être épris de poésie sans apprécier pour autant Léo Ferré qui ne semble plus actuel.

d Ne peut-on s'interroger sur l'utilité de l'explication des poèmes en classe ?
ou : L'explication des poèmes en classe est un exercice qui peut paraître manquer d'intérêt.

e On peut avoir du mal à comprendre qu'il soit possible de préférer l'automobile à la moto.

f L'oeuvre de Picasso peut paraître sans qualité par l'impression de facilité qu'elle donne.

g On peut privilégier Prévert par rapport aux autres poètes, même si l'on n'aime pas la poésie, car il a du génie.

h La politique peut laisser indifférent, d'autant plus que les politiciens ne semblent pas toujours sérieux.

i L'avortement pose la question de la responsabilité par rapport à la vie.
ou : L'avortement peut passer pour un acte mettant en cause le devenir de l'humanité.

j Les propos tenus sur la jeunesse ne brillent pas, en général, par leur pertinence.
ou : Les propos tenus sur la jeunesse sont souvent sujets à caution .

2.

A Premier paragraphe

l. 1 supprimer "un peu"
l. 4 "pourquoi ne pas voir" ──► "voyons donc"
l. 6 "l'emporterait" ──► "l'emporte"
l. 7 supprimer "je vous prie"
l. 11 "je ne sais quelle faiblesse" ──► "de la faiblesse"
l. 13 supprimer "souvent"
l. 14 "nous trouverions" ──► "on trouve"
l. 15 supprimer "forcément un peu anachroniques"
l. 18 "des sortes d'illustrations" ──► "des illustrations"
l. 21 supprimer "presque"
l. 22 "nous offriraient" ──► "nous offrent"
l. 26 "essaie de se fonder" ──► "se fonde"
l. 27 supprimer "une espèce de"

Deuxième paragraphe

l. 1 supprimer "bien" et "hélas"
l. 2 supprimer "sinon plus loin que jamais, du moins"
l. 4 "pourraitêtre" ──► "est"
l. 8 "comment ne pas reconnaître" ──► "reconnaissons que"
l. 14 supprimer "trop"
l. 15 "plutôt ──► "bien au contraire"

B Premier paragraphe

l. 2 "ne s'embarrassaient guère" ──► "ne s'embarrassaient pas"
l. 4 "pas bien" ──► "mal"
"ça ne se fait pas"— "c'est interdit"
l. 6 ──► "quand l'imprudent poussait trop loin... et posait..."
l. 10 supprimer "je me suis laissé dire que"

Deuxième paragraphe

l. 1 supprimer "dit-on" et "le signe de"
l. 2 supprimer "certains"
l. 3 "il ne figure pas" ──► "il est absent de"
l. 6 "ce n'est pas ainsi... honnêtes gens" ──► "Pourtant les honnêtes gens la voient différemment"
l. 7 "j'ose employer" ──► "j'emploie"
l. 10 supprimer "quel que soit ──► élections"
l. 15 supprimer "ce qui ne va pas de soi"
l. 17 supprimer "au fond d'eux-mêmes"
l. 18 supprimer "qu'on dit"

3.

A La musique me plaît parce qu'elle m'aide à m'évader. Au travail, il m'est difficile d'en faire autant, d'oublier mes problèmes, par exemple le découragement devant l'existence. La musique, elle, me gagne peu à peu et me permet de renouer avec mon "moi" profond.

B Sans doute le monde actuel est-il complexe, changeant. L'idée du législateur semble être qu'il serait bon de faire à ces complexités et à ces changements une grande place afin d'y habituer progressivement les jeunes en leur enseignant les données : non seulement les données sociales, mais encore les données politiques et techniques, ce que l'on pourrait appeler l'actualité. Cela leur plairait plus, les intéresserait plus, dans la mesure où l'enseignement rejoindrait (...) syndical. Ils ne seraient plus aussi désorientés, parce qu'ils seraient petit à petit mis en situation.

Puis-je me permettre de suivre une démarche quelque peu différente ? Je me demande si la force de l'enseignement (...) ne serait pas d'inviter les esprits à un détour. Quand on désire ne pas se perdre dans une promenade au cours de laquelle il serait souhaitable de retrouver son chemin, il est bon de prendre, en pensée, un certain recul : de se retourner (...) de recourir, si besoin est, à une carte (...) couvrant un horizon plus étendu et qui rend compte du paysage. Peut-il en aller autrement des choses de l'esprit ?

Il me semble que chaque entreprise nécessite un certain temps et des exercices quelque peu austères, par exemple le piano et la danse. N'en serait-il pas de même pour l'enseignement ? Il aurait alors besoin de ce qui paraît inutile et inactuel. On pourrait appeler cela la culture, au sens actif du terme.

C Une oeuvre d'art, me semble-t-il, vit, sauf exception, quand elle plaît à la foule et quand elle plaît aux connaisseurs. Une production qui atteint l'un de ces deux buts marque, à mon avis, un certain talent. Mais le vrai talent, seul durable, devrait les atteindre tous deux à la fois.

Je doute que cette façon de voir soit entièrement partagée. Certains ne montrent guère de respect pour le peuple, quand d'autres ont confiance en lui. Cela n'est pas bon pour les artistes ; car que risque-t-il d'arriver ? Qu'on ne soit pas à l'écoute du public ou qu'on y soit trop. Les uns, quelque peu fiers d'un vague succès populaire, songent trop au flot qui les entoure et qui, demain, risque de les laisser à sec. Les rares conseils qu'on ose leur donner se perdent souvent dans le bruit ; l'équité risque de leur paraître envie. Quand ils ont réussi à voir satisfaite une fois leur ambition, celle-ci s'éteint d'elle-même ; ils craignent souvent d'étudier dans la mesure où ils ne sont pas très sûrs de rester fidèles à eux-mêmes et à leur "gloire". Les autres, induits en erreur par les louanges de leurs amis, quand le succès n'est pas au rendez-vous, s'irritent quelque peu : ils ne s'estiment pas compris, jugés à leur juste valeur, et ont tendance à trouver cela injuste, à penser qu'on ne les considère pas, alors que tel ou tel, qui semblait compétent, les a encouragés. Ils ne tiennent pas compte des avis peu favorables, ils travaillent pour un public très restreint ; ils risquent d'être victimes de leur orgueil qui peut les prendre, les concentrer, les enivrer et étouffer leur talent.

Pourrais-je essayer d'aller à l'encontre de ces deux tendances fâcheuses ? On peut, me semble-t-il, consulter les connaisseurs (...) et se montrer fiers, avec modération, de leurs éloges ; mais il ne serait pas bon de négliger le public. Il vaudrait mieux chercher à attirer (...) car on est de son temps grâce à elle ; mais il ne serait pas bon de négliger pour autant l'estime des connaisseurs ou son propre sentiment.

4.

A Me serait-il possible de garder toutes ces oeuvres sur mes rayons ? Elles semblent inutiles. Le soir, bien sûr, je pourrais dialoguer avec Stendhal, comme jadis, avec Baudelaire, avec Gide et Valéry, mais pendant ce temps peut-être brûle-t-on des femmes et des enfants dans une église, peut-être tue-t-on dans le monde entier ?

B Avez-vous réalisé à quel point l'ère moderne est parlante ? Nos villes sont animées de messages en grosses lettres qui, la nuit, s'allument. Le matin, les passants, les voyageurs dans les trains et les paresseux dans leurs lits lisent les nombreux journaux. En tournant un bouton dans sa chambre, on peut entendre les voix du monde, en particulier celle de nos maîtres. On a publié aussi beaucoup de livres et l'on a beaucoup lu, même rapidement.

Que peut-il résulter de cette profusion d'informations ? Les mêmes effets que je vous décrivais tout à l'heure ; mais cette fois c'est notre sensibilité verbale qui risque d'être mise à mal et affaiblie... Le langage a tendance à perdre de sa force.

L'épithète n'a plus autant de valeur. Les excès de la publicité ont atténué la puissance des adjectifs les plus forts. La louange et même l'injure ne trouvent pas les mots adéquats ; on doit bien chercher pour exprimer ses compliments ou ses insultes. D'ailleurs, la quantité des publications, leur fréquence diurne, le nombre de ce qui s'imprime ou se diffuse, ne fixent pas les jugements et les impressions, les mêlent, et lassent nos cerveaux, où disparaît le sens de la durée et de la hiérarchie, et nous éprouvons l'étrange impression (...).

Que peut-on conclure de ces constatations ? Si incomplètes qu'elles soient, je pense qu'elles peuvent faire concevoir des craintes sur l'avenir de l'intelligence (...).

C Le Français qui n'aime pas la confusion, qui a le goût de l'ordre et des choses bien organisées, ne suit pas la bonne voie en réclamant une forme impossible et mauvaise de liberté totale... Les mots empêchent de voir la vraie réalité (...). Chaque Français, au fond de soi, sait bien (...). Mais il hésite à proclamer qu'il a le goût (...). Il exagère et réclame une liberté sans contraintes (...) il sait bien qu'elle ne serait pas bonne. Au fond (...) les règles, mais ne souhaite pas qu'on le lui dise. Il obéit aux disciplines nécessaires (...) et qu'il puisse se dire libre de tout, suivant ses désirs.

Une telle conduite est-elle encore souhaitable ?

Le Français continue à se servir du vocabulaire datant de la Révolution de 89, des formules des encyclopédistes, d'un vocabulaire trop abstrait, il reste, lui semble-t-il, fidèle à un individualisme matérialiste passé et peu souhaitable et il ne participe pas au monde nouveau, à l'Europe nouvelle, née de réalités concrètes.

5.

A Les multiples capacités du cerveaux des hommes qui leur permettent (...) ; les hommes savent bien mal (...). Ils savent plus mal encore (...) à partir des apports de leur patrimoine (...) la puissance et l'agilité de l'esprit humain (...) l'outil intellectuel de l'homme (...). Les hommes sont prêts (...) mais leur esprit (...) affirmer que les hommes ont l'âge non de leurs artères mais de leurs algèbres, c'est-à-dire de leur capacité à modifier les modèles par lesquels ils représentent (...).

B Que répondre finalement à la question : "Comment devenir aussi intelligent qu'un savant ?"

- Tout d'abord qu'il ne s'agit pas de comparer deux intelligences, cela n'a aucun sens ; deux intelligences (...) hiérarchisées ; que les hommes cherchent à être intelligents, mais qu'ils ne se donnent pas un modèle ;

- Que la question (...) admet que l'homme n'"est" pas intelligent, qu'il le devient ;

- Qu'il est très facile (...) simple : l'homme n'a qu'à s'assoupir (...) questions ;

- Que devenir (...) paresseux qu'est le cerveau humain ; (...) l'outil intellectuel qui permet aux hommes d'être eux-mêmes ; c'est, pour l'homme, se créer soi-même.

1.

A Alors que j'étais en vacances dans un village complètement isolé, j'ai senti le froid de la mort se glisser sournoisement jusqu'à moi quand le premier Ministre zélandais a parlé d'"acte de guerre". J'en ai perdu le sommeil pendant trois jours. La guerre, imaginez-vous, la guerre !

Non, il n'en est pas question, et la solution est à portée de la main ! Relevons le défi et expérimentons, sur le terrain, la bombe atomique destinée à Mururoa. Nos adversaires nous font gagner la guerre : cette bombe désintègre tout en produisant chaleur et poussière, elle transforme cette île, dont on ne sait pourquoi elle est là, en une plaque de verre, elle nous évite une guerre comme celle des Malouines, en outre elle permet aux pacifistes d'aller dépenser (...) désaffectés. Enfin, la jeunesse trouvera là un idéal. Nous nous sentirons chez nous dans cette Zélande désormais complètement nouvelle !

B Eric (...) employeur. Le motif invoqué était le suivant : ses cheveux coupés "à l'iroquoise", dont le toupet est coloré, présentent un aspect trop moderne. Il est à remarquer qu'Eric Tavier n'est même pas (...) ne supporte pas une telle coiffure. Peut-on avancer l'hypothèse que la fille du chef se coiffe de la même façon, ce qui énerve d'autant plus celui-ci ? Eric Tavier (...) la clientèle des jeunes que les banques recherchent grâce à de nombreuses campagnes publicitaires. D'après sa photographie parue dans le journal, Eric Tavier a l'air propre, il porte un pull-over en coton, ce qui est plus correct qu'un costume croisé saupoudré de pellicules.

C N'allez pas voir ma rue ! Ils l'ont rendue méconnaissable ! Elle n'est plus qu'un tas de gravats, un désert où sont parquées les voitures aux dos de tôle, un spectacle horrible de désespoir et de mort. Elle continue à s'écrouler depuis 40 ans, mais il est défendu de réparer et il est procédé à des évacuations de force. Les taudis (...) ne flottent plus aux fenêtres, il n'y a d'ailleurs plus de fenêtres, les cents millions d'enfants (...) caniveaux.

D Le musée Picasso vient d'ouvrir.

L'Hôtel Salé est désormais agrémenté par l'oeuvre de Picasso. Comment utiliser une demeure du 17e s., sise (...) Paris, qui a maintes fois changé de propriétaire et a fini par être classée monument historique ? Il faut en faire un musée ! En y exposant l'oeuvre de Picasso, on célèbre ainsi l'alliance de l'ancien et du moderne.

Considérons d'un côté l'Hôtel Salé (...) nationales. Considérons de l'autre Picasso, le "monument" du 20e s.. Il a fallu (...) culture pour que l'oeuvre du second soit accrochée aux cimaises du premier.

Au début du 16e s., P.A. de F. est fermier de gabelles. C'est une source d'enrichissement considérable à l'époque puisque l'impôt (...) tout d'abord parce qu'il rapporte beaucoup, ensuite parce qu'en cas d'insuffisance des fonds royaux, lesdits fermiers (...) récolté. A. ne s'en prive pas qui (...) percepteurs et, par conséquent, l'homme le plus détesté (l'impôt sur le sel est difficilement accepté).

Aubert (...) noblesse. Il deviendra gentilhomme ! Il met alors en oeuvre tous les moyens : après avoir (...) famille grâce au mariage (...) de Termes (entre autres titres) il achète (...) Saint-Gervais. Cela se passe en mai 1656, les travaux commencent aussitôt dirigés (...) 1659. Mais il ne séjourna pas là longtemps puisqu'en (...) la sienne : comme il est dans l'impossibilité (...) saisis. Aubert (...) 1663 et, poursuivi par le malheur, meurt ruiné en 1668. Il reste l'Hôtel, baptisé Salé (comme l'a été la note !).

2.

- huit jeunes gens (adolescents, enfants...)
- ces émotions violentes
- pays africains
- ces travaux séculaires (le secteur primaire)
- ces professionnels des contacts (ces représentants du secteur tertiaire)
- la communauté scolaire
- moyens de locomotion
- loisirs
- manifester son émotion (extérioriser ses sentiments)
- ému
- expressions
- grands écrivains
- grands conquérants (autocrates)
- l'actualité du monde occidental
- manifestations de sympathie (moyens de communication)
- facultés intellectuelles (qualités intellectuelles) médias
- titres de romans (héros de romans)
- banalités (clichés, évidences, poncifs)
- mouvements de revendication ou d'opposition (troubles).

3.

A	réjouissance	interrogation	(grande) crainte
	croyance (crédulité)	quête (requête)	sollicitation
	restitution	contentement	retard
	correction	omission	désintérêt - indifférence
	agrément	appréhension	attentat
	médisance	legs	sentiment - sensation
	perception	soutien	rappel
B	se taire	désirer	veiller - écouter - regarder (note 1)
	débarrasser (libérer, dégager)	soutenir - défendre	
	veiller à - s'occuper de	paraître - sembler	permettre (autoriser)
	s'opposer à	accepter - admettre	se tromper
	douter	bouder	croire - s'imaginer
	être autorisé à - pouvoir	disposer de (abonder en)	être embarrassé, gêné
	permettre	se préoccuper de (s'inquiéter de)	

Note 1 : donner lieu à : occasionner - produire - provoquer.
" " de : autoriser à.

C 1) Le grand intérêt de ce livre m'incite à te le recommander.
ou : je te recommande ce livre pour son grand intérêt.

2) Les occidentaux se mobilisent contre la famine en Ethiopie.
ou La famine qui règne en Ethiopie mobilise les occidentaux.

3) Une écoute attentive de ce morceau est nécessaire...

4) Vos trop longues et perpétuelles hésitations nuisent...
ou : Votre caractère toujours trop hésitant nuit à...

5) Même un enfant comprend la simplicité du fonctionnement de l'ordinateur.

6) Les experts (...) perplexes sur les circonstances de l'accident.

7) Je me demande bien la cause de sa grande préoccupation.

8) Tous les syndicats s'inquiètent de la nouvelle augmentation du nombre des chômeurs.

9) L'échec du lancement de la fusée Ariane a provoqué le grand étonnement des spécialistes.
ou : Les spécialistes s'étonnent beaucoup de l'échec du lancement... Ariane.

10) La poursuite de la grève depuis 2 semaines provoque de nombreuses (...) aérien.

4.a

1).Tant que les informations reçues sont partielles, nous ne pouvons faire un compte-rendu exhaustif de l'événement.

.Cet événement a été rapporté de façon partiale par un journaliste engagé politiquement dans la lutte.

2).Le bruit de ses pas dans le couloir résonne encore à mes oreilles.
.La philosophie et les sciences, entre autres, nous apprennent à raisonner.

3).Les cérémonies du 8 mai perpétuent le souvenir de la victoire des alliés sur les Allemands après la guerre de 1939-1945. N'oublions pas les leçons de cette guerre !
.Il a perpétré son crime avec le plus grand sang-froid.

4).D'éminents spécialistes se sont réunis pour étudier les mesures à prendre contre cette menace de pollution nucléaire.
.Le danger est imminent : il va falloir prendre immédiatement les mesures nécessaires pour éviter la catastrophe.

5).J'ai reçu un avertissement de mon percepteur : j'ai oublié de payer mes impôts.
.Autrefois les enfants des familles riches bénéficiaient de l'enseignement d'un précepteur qui les éduquait à domicile.

6).Il faut suivre les prescriptions de votre médecin si vous voulez guérir.
.Pour se débarrasser des agitateurs, les régimes dictatoriaux prononcent des mesures de proscription politique ou religieuse, quand ils ne prononcent pas des condamnations à mort.

7).Les enfants ont une inclination naturelle pour le jeu.
.L'inclinaison de ce champ est telle qu'il faut le cultiver en terrasses.

8).Ne prends pas ce que je viens de te dire pour un ordre, c'est une simple suggestion.
.Pendant des siècles, ce peuple a été maintenu dans la sujétion.

9).Vous sentez-vous concerné par le problème de la faim dans le monde ?
.Les différents partenaires n'ont pas su se concerter et la négociation a échoué.

10).La <u>récession</u> économique est souvent le signe avant-coureur d'une crise grave.
.Le discours de <u>réception</u> de X à l'Académie française a été remarquable.

4.b

1) Emu : Emotion plus ou moins vive.
Troublé : violemment ému - insiste sur un désordre intérieur provoqué par l'émotion - peut aller jusqu'à l'agitation.
Bouleversé : à qui on a causé une émotion violente et pénible, un grand trouble.
Ebranlé : troublé, qui chancelle dans ses convictions - affaibli.
Choqué : qui a subi un choc plus ou moins violent, un léger traumatisme.

<u>Classement</u> : choqué ou ému - troublé ou ébranlé - bouleversé - (de plus en plus fort).

2) Feindre : abstrait - donner une fausse apparence avec un travail subtil de l'esprit pour tromper.
Imiter : bon ou mauvais - ressemblance plus ou moins approchante.
Copier : ressemblance complète.
Mimer : imiter à l'aide d'un geste.
Mentir : induire en erreur en disant quelque chose contre la vérité.

<u>Classement</u> : 2 séries = imiter - mimer - copier.
feindre - mentir.
(de plus en plus fort)

3) Paix : état de tranquillité durable - dans la vie : absence de dérangements. dans l'âme : équilibre des sentiments qui s'accompagne de bonheur.
Calme : tranquillité momentanée, parfois apparente, en rapport avec les circonstances.
Sérénité : très grande tranquillité sans nuages - la noblesse de l'âme la met au-dessus des émotions et des agitations vulgaires.
Tranquillité: état stable, constant, considéré indépendamment de toute relation.
Loisir : repos d'un moment dont on peut disposer.

<u>Classement</u> : loisir - calme - tranquillité - paix - sérénité. (de plus en plus fort).

4) Tout de suite : employé quand 2 événements se suivent sans intermédiaire dans le temps.
Bientôt : dans un moment qui arrivera rapidement.
Prochainement : dans un moment qui n'est pas loin par rapport à d'autres qui sont plus éloignés - proximité vague.
Immédiatement : employé quand il s'agit d'événements de nature différente, simplement contigus et non continus - plus abstrait que "tout de suite".
Ultérieurement: plus tard - après - ensuite.

<u>Classement</u> : tout de suite - immédiatement - bientôt - prochainement - ultérieurement.
(du plus proche dans le temps au plus éloigné).

5) Juger : avoir une opinion - indique le résultat d'un examen, d'une opinion motivée - regarder une chose comme vraie d'après des considérations en énonçant le résultat d'un examen.

Estimer : juger de la valeur, de la force, du mérite, de la qualité - déterminer la valeur intrinsèque de façon approximative et souvent subjective - avoir une opinion avantageuse, avec une valeur surtout morale.

Apprécier : émettre un jugement favorable en rapport avec la valeur de la personne jugée d'après ses services, ses talents.

Croire : tenir pour vrai - avoir une certaine opinion en parlant de quelque chose de général.

Penser : avoir une opinion personnelle sur un sujet qui souvent nous concerne en particulier, parfois très subjectivement et sans fondement certain.

Classement : penser - estimer - croire - apprécier ou juger.
(du plus subjectif au moins subjectif).

6) Vacarme : familier : grand tapage désordonné de choses et de gens.

Brouhaha : familier : bruit confus et fort qui s'élève dans une assemblée ou une foule.

Tumulte : bruit confus d'une foule, mélange de cris et de chocs - nuance de désordre.

Chahut : familier : désordre bruyant d'écoliers en révolte ou manifestation avec des cris et des mouvements hostiles.

Effervescence : agitation forte, subite, manifeste mais peu durable.

Classement : brouhaha - effervescence - tumulte - chahut - vacarme.
(de plus en plus fort).

7) Lucidité : dit moins que clairvoyance et implique surtout qu'on se représente à soi-même nettement et clairement ce qui est et parfois qu'on l'expose aux autres avec clarté.

Sagacité : qualité de celui qui découvre, prévoit promptement par une sorte d'instinct presque infaillible (cf animaux et enfants).

Vigilance : effort continuel pour ne pas se laisser surprendre par l'erreur et la distraction.

Clairvoyance: sagacité surtout dans les affaires - permet de voir comme sont réellement les choses, de saisir les rapports cachés, de prévoir avec intelligence les conséquences.

Perspicacité: activité de l'intelligence moins instinctive que la sagacité - fait connaître les choses difficiles à force d'examen, de réflexion, de comparaisons.

Classement : sagacité - lucidité ou clairvoyance - perspicacité - vigilance.
(de plus en plus d'attention).

8) Gaieté : état ou sentiment agréable de l'âme.

Joie : dans le coeur - intime, concentrée - ne se manifeste pas toujours extérieurement mais gagne toute l'âme, lui donne chaleur et lumière, peut être poussée jusqu'à l'ivresse mais demeure souvent courte et passagère - enchérit sur gaieté - dit beaucoup plus que plaisir.

Plaisir : impression physique ou morale agréable - sensation particulière n'affectant pas l'âme dans son entier.

Euphorie : sentiment de parfait bien-être et de joie.
Bonheur : état moral qui résulte de la satisfaction de toutes nos inclinations en multiplicité, en degré et en durée.

Classement : plaisir - gaieté - joie - euphorie - bonheur.
(de plus en plus profond).

9) Intéressant : fixe l'attention, excite la curiosité et parfois touche et émeut le coeur.
Passionnant : en parlant des choses - enchérit - intérêt très vif, exclusif et exaltant.
Stimulant : qui accroît l'activité psychique - qui augmente l'énergie, l'ardeur de quelqu'un.
Enrichissant: qui enrichit l'esprit, apporte des connaissances.

Classement : intéressant - stimulant - passionnant.
(enrichissant reste hors série : on peut intéresser sans enrichir et enrichir sans guère intéresser !).

10) Mépris : fait de la personne qui trouve quelque chose de vil dans l'autre, qui oblige, même si l'on est humble et modeste, à le mal considérer.
Condescendance : péjoratif - dédain manifesté par de l'affectation, ou complaisance du supérieur envers l'inférieur.
Complaisance : tendance à se conformer aux volontés d'autrui - ne précise pas la raison et désigne une action louable ou non.
Dédain : fait de la personne qui a une haute idée d'elle-même et regarde les autres comme indignes d'elle.

Classement : complaisance - condescendance - dédain - mépris.
(de plus en plus négatif).

11) Pâle : blanc sans éclat ou couleur effacée.
Blafard : péjoratif : blanc mat, inanimé, terne et fade, désagréable, parfois maladif (plus courant que livide).
Livide : enchérit sur pâle : nuance bleuâtre, comme la chair d'un cadavre.
Blême : très pâle, souvent sous l'effet de la maladie ou d'une passion. S'applique au visage.
Exsangue : vient du vocabulaire de la médecine - d'une pâleur qui indique le manque de sang, l'anémie.

Classement : pâle - blafard - livide ou blême - exsangue.
(de plus en plus grave).

12) Ardeur : enchérit sur vivacité mais en parlant simplement des dispositions actives de la sensibilité, des passions et de l'action ; force qui pousse à agir.
Zèle : vive ardeur pour le maintien ou le succès de quelque chose, pour les intérêts de quelqu'un.
Application : grande attention ou attention suivie, persévérante dans l'action et spécialement dans l'étude.
Energie : force agissante caractérisée par sa promptitude, sa fermeté.
Entrain : allant qui souvent s'accompagne de gaieté et se communique.

Classement : application - énergie - entrain - ardeur - zèle.
(de plus en plus d'enthousiasme).

13) Prétendre } implique qu'on veut défendre son opinion et réfuter l'opinion adverse - on prétend ce qu'on se propose de défendre.
Soutenir } on soutient ce qu'on défend actuellement.
Affirmer : dire fermement qu'une chose dont on est convaincu et dont on veut convaincre est vraie.
Suggérer : introduire dans l'esprit une idée en la communiquant, déjà formée, avec prudence, comme par hasard et enveloppée... en affectant de laisser libre de l'adopter.
Déclarer : marque le désir catégorique de faire connaître nettement par des paroles expresses ou par quelque chose de significatif.

Classement : suggérer - déclarer - affirmer - prétendre - soutenir. (de plus en plus affirmatif).

14) Rôle : au théâtre, fait penser aux personnages individuels représentés par l'acteur - au figuré : ce qu'on fait dans le monde, la conduite ou la sorte d'action.
Action : manifestation d'une force agissante et toujours volontaire.
Emploi : au théâtre, fait penser à la catégorie des rôles pour lesquels un acteur peut être employé.
Partie ou branche de service accordée à quelqu'un. Application à un genre d'occupation en général subordonnée.
Fonction : emploi assez relevé (--► autorité publique).
Mission : occupation que l'on assume, volontairement ou non, pour réaliser quelque chose de grand à quoi on est comme prédestiné ou consacré.

Classement : emploi - fonction - rôle - action - mission. (de plus en plus d'importance).

15) Vide : qui ne contient rien.
Creux : marque toujours le défaut de ce qui n'est pas rempli de son contenu normal, sans être complètement vide.
Absurde : non seulement qui viole les lois logiques et le sens commun, mais encore qui est inconcevable pour l'esprit à cause d'une contradiction interne - qui est le propre d'un raisonnement entièrement faux.
Incohérent : se dit d'une suite d'idées qui, sans forcément découler les unes des autres, ne peuvent s'accorder et se contredisent.

Classement : creux - vide - incohérent - absurde. (de plus en plus grave, scolairement parlant...).

16) Réaliste : art qui peint les choses telles qu'elles sont - désir de ne pas idéaliser le réel, de ne pas avoir peur de peindre des choses matérielles même vulgaires.
Vraisemblable : implique que, suivant l'ordre normal des choses, il n'y a ni contradiction ni impossibilité à ce que la chose soit vraie.
Vrai : qui n'est pas faux, mais conforme à ce qui est ou à la nature des choses.
Plausible : qui mérite d'être applaudi et entraîne donc l'approbation de l'intelligence parce que la chose peut être vraie, et de la volonté parce qu'elle peut être agréée.
Possible : qui peut passer à l'état de chose effective - terme général - n'implique pas nécessairement l'idée d'un agent et se dit seul de ce qui peut arriver.

Classement : vraisemblable - plausible - possible - réaliste - vrai. (de plus en plus proche de la réalité).

17) Confiance : sentiment qui pousse à se fier ou à se confier à quelqu'un
Indulgence : disposition naturelle et active à pardonner - douceur naturelle qui pousse à atténuer les fautes et les défauts.
Clémence : maîtrise de soi qui consiste à sacrifier son ressentiment et à ne point user de rigueur envers ceux qui nous ont offensés.
Tolérance : dans le commerce de la vie, laisserfaire aux autres ce qu'ils veulent sans leur adresser de reproches.
Permissivité: absence d'interdiction, de sanctions.

Classement : confiance - clémence - indulgence - tolérance - permissivité. (de plus en plus de liberté laissée à l'autre).

18) Railler : tourner quelqu'un en ridicule - faire des plaisanteries satiriques aux dépens de quelqu'un.
Moquer : railler de façon souvent injurieuse dans le but d'abaisser, voire d'offenser.
Travestir : faire apparaître comme mauvais ou absurde ce qui ne l'est pas.
caricaturer : peindre en déformant dans le sens du grotesque et du bouffon.
Parodier : travestir de façon burlesque quelque chose de sérieux jusqu'à contrefaire en les ridiculisant les gestes, les manières, le langage de quelqu'un.

Classement : travestir - parodier - caricaturer - railler - moquer. (de plus en plus direct).

19) Talent : disposition à réussir dans un art - habileté naturelle ou acquise - regarde l'exécution.
Génie : faculté toujours naturelle et supérieure de concevoir, d'imaginer, de créer - regarde l'invention, implique l'inspiration et enchérit sur le talent.
Art : implique l'étude, la connaissance de certaines règles, le soin, l'application.
Compétence : capacité reconnue en telle ou telle matière et qui donne le droit d'en juger.
Inspiration : don de faire des vers, par opposition à l'art - sorte de don mystérieux et sublime.

Classement : compétence - art - talent - inspiration - génie. (du plus étudié au plus naturel).

20) Implication : terme de logique - renferme comme une conséquence logique - ce sans quoi la chose serait inconcevable.
Supposition : ce qu'on avance arbitrairement pour servir de base à un raisonnement - terme ordinaire qui implique qu'on donne la chose comme possible.
Déduction : terme de logique : consiste à passer d'une ou plusieurs propositions considérées en elles-mêmes (sans en affirmer ni en nier la vérité) à une proposition qui en est la conséquence nécessaire en vertu des lois logiques.
Exclusion : ne se dit que d'une chose qui interdit la possibilité d'une autre chose avec laquelle elle est incompatible.
Induction : l'induction s'attache à un même ordre de faits et consiste à remonter d'un certain nombre de propositions singulières à une proposition générale qui passe de l'observation des faits constants à l'affirmation d'une loi valable pour tous les cas à venir.

Classement : supposition - induction ou déduction - exclusion ou implication. (du plus subjectif au plus objectif : induction ou déduction sont des constructions de l'esprit ; exclusion ou implication des propriétés qu'il constate).

1.

n° 1 : oubliés
n° 2 : leur
n° 3 : abordé
n° 4 : congrès
n° 5 : cassées
n° 6 : assurances
n° 7 : penché
n° 8 : instruits
n° 9 : ces
n° 10 : ces
n° 11 : compte tenu
n° 12 : soulignée
n° 13 : national
n° 14 : élevée
n° 15 : on est
n° 16 : postopératoire
n° 17 : champs
n° 18 : concernaient
n° 19 : viscërale
n° 20 : ou
n° 21 : l'intérêt
n° 22 : insolite
n° 23 : parasite
n° 24 : commente
n° 25 : sans danger
n° 26 : loyalement
n° 27 : la chute
n° 28 : la nécessité
n° 29 : expliquer
n° 30 : vue
n° 31 : est
n° 32 : voie
n° 33 : civile
n° 34 : libérale
n° 35 : responsabilité
n° 36 : engagée
n° 37 : entre temps ou entre-temps
n° 38 : hôpital
n° 39 : public
n° 40 : la voie
n° 41 : ont
n° 42 : ont
n° 43 : indemnisations
n° 44 : recourir
n° 45 : transaction

Il arrive encore aux chirurgiens de laisser dans le corps des patients pinces, compresses ou aiguilles

Opérations : des oublis fâcheux

**Sur les millions d'opérations chirurgicales réalisées chaque
année, combien y a-t-il d'objets oublié dans le corps du malade ? 1
C'est la question qui vient tout naturellement à l'esprit après une
intervention. Les chirurgiens n'aiment pas beaucoup évoquer un
sujet qui met directement en cause leur responsabilité et peut nuire
à leurs réputation. Entre eux, ils continuent d'employer pudique- 2
ment l'expression latine de « corpus alienum ».**

3 Pourtant ils ont abordés
ouvertement le sujet au cours
d'une table ronde organisée au
86e congrès français de chirur-
gie, qui se tient à Paris au Palais
4 des congrès. Parmi les « objets
oubliés au cours d'opérations »
on a retrouvé diverses pièces
métalliques, jusqu'à des pinces
de la taille d'un petit stylo, des
compresses, des aiguilles entiè-
5 res ou cassés.

Expert en la matière, le doc-
teur René Husson du « Sou
médical », la plus ancienne
6 mutuelle d'assurance des méde-
7 cins, s'est penchée sur le dossier
8 des litiges instruit par sa compa-
gnie au cours des vingt derniè-
res années pour estimer la fré-
9 quence de ses « oublis ». Sur
8 000 dossiers, seuls 180 por-
10 taient sur ses corps étrangers.
11 « *Conte tenu des millions
d'interventions chirurgicales cor-
respondantes, c'est la rareté des
corps étrangers qui doit être*
12 *souligné* », affirme René Hus-
son.

Au début du siècle, souligne
le docteur Louis René, chirur-
gien à Paris et membre du con-
13 seil nationale de l'Ordre des
médecins, la fréquence de ces
oublis, estimée à un sur 5 000,
14.15 était élevé. Aujourd'hui, on n'est
plus attentif pour prévenir les
oublis. Les compresses, les ins-
truments sont comptés avant et
après l'opération. Une radiogra-
16 phie de contrôle post opératoire
permet de repérer un éventuel
objet métallique.

Selon l'étude de René Hus-
son, les textiles (compresses,
17 charts opératoires, etc.) vien-
nent en tête des « oublis ». Sur
18 les 180 dossiers, 114 concernait
19 la chirurgie viscéral, 25 la chirur-
gie des os, 2 la chirurgie esthéti-
que et le reste se répartissant
dans diverses autres disciplines
chirurgicales.

20 Quand une aiguille casse, où
qu'un fragment de vis reste dans
un os, déjà consolidé avec
d'autres pièces métalliques, le
chirurgien peut décider de ne
pas tenter de l'enlever. Il peut
en effet considérer que le risque
d'une nouvelle intervention n'est
21 pas justifié, dans l'intérêt même
du malade. Mais il doit prévenir
son patient de la présence de
22 cette pièce insolyte.

Un malade ne doit pas décou-
vrir qu'il porte un corps « para-
23 site » par des bruits de couloir,
24 car cela l'angoisse, comente le
docteur René. Même si l'objet
25 est absolument sans dangers
dans tous les cas il faut informer
26 loyalment son patient. *« Toute
décision de silence rend vulnéra-
ble. Comme au bridge, quand*
27 *on est vulnérable, la chute
compte double »* , indique Me
Catherine Paley-Vincent, pour
mieux faire comprendre au chi-
rurgien la néssessité de recon- 28
naître l'erreur et d'en espliquer 29
les circonstances au patient. Du
point de vu du droit, ajoute-t- 30
elle, ce genre d'oubli est une
faute. Et le chirurgien, seul
« patron » au cours de l'opéra-
tion, même si ce n'est pas lui
qui compte les compresses et
les instruments, ait responsable 31
des fautes de son équipe.

Si le patient utilise la voix civil 32.33
pour mettre en cause l'opérateur
— ce qui est le cas en pratique
libéral — la responsabilités de ce 34.35
dernier est engagé pour une 36
période de trente ans. Si le chi-
rurgien est mort entre tant ses 37
héritiers sont civilement respon-
sables. Si l'acte a été exécuté
dans un hopital publique, la voix 38.39.40
de recours est le tribunal admi-
nistratif (avec un délai de quatre
ans), et plus rarement la voie
pénale. Ces incidents on tout de 41
même parfois de graves consé-
quences et on entraîné des 42
indamnisations fort lourdes. 43
Mais les patients préfèrent
s'adresser aux assurances, et la
plupart des compagnies préfè-
rent recourrir à une transaxion 44-45
aimable.

d'après *Le Figaro* n° 12463.

2.

A

n° 1 : ceci
n° 2 : syndiqué
n° 3 : même
n° 4 : n'étaient
n° 5 : renseignés
n° 6 : négligeant
n° 7 : jeune
n° 8 : s'amuser
n° 9 : c'est
n° 10 : lesquelles
n° 11 : n'
n° 12 : l'attrait

Depuis qu'il y a le droit syndical, les jeu-
1 *nes jouent avec ceux-ci pour travailler le*
moins possible. En effet le droit d'être
2 *syndiquer est pour tout le monde le*
3.4 *mêmes mais avant les gens n'était pas*
5 *assez renseigner pour juger d'eux-mêmes*
les intérêts du droit syndical, mais mainte-
nant les jeunes connaissent leurs droits et
les font appliquer le plus possible (tels
6 *que le droit de grève) en négligent parfois*
leurs devoirs. (...) Tout jeunes veut vivre 7
avec son temps, en un mot s'amusez 8
S'est l'une des raisons pour lesquels les 9-10
jeunes attendent du travail qu'un mini- 11
mum de contraintes, mais aussi beaucoup
d'argent. (...) Pour tout homme, l'argent
est important mais il l'est plus encore
pour un jeune car il ne voit que l'atrait de 12
celui-ci.

(sic)

B

n° 1 : principal
n° 2 : portent
n° 3 : la plupart
n° 4 : à
n° 5 : considérer
n° 6 : professionnel
n° 7 : indifférents
n° 8 : "
n° 9 : aux
n° 10 : contraintes
n° 11 : extra
n° 12, n° 13, n° 14 : extra-professionnelles ou extraprofessionnelles
n° 15 : libérer
n° 16 : au revenu
n° 17 : peut
n° 18 : apporter

1 *Le point principale est l'intérêt que beau-*
2 *coup porte au métier en lui-même. Car il*
3 *est vrai que l'on passe la plus part de sa*
4 *vie a travailler et il est donc nécessaire de*
5.6 *considéré l'attrait professionel comme un*
critère de choix important. (...) Beaucoup
7.8.9.10 *sont indiférent a containtes que cela*
peut engendrer. (Mais) le jeune
d'aujourd'hui veut revivre à travers ses
activités estra professionel pour se libéré; 11.12.13.14.15
c'est pourquoi il accorde beaucoup
d'importance aux revenus que peu lui rap- 16.17
porté un emploi. 18

(sic)

1. Plus efficace certes, l'administration sera-t-elle plus humaine si à l'écran du guichet s'ajoute celui du terminal d'ordinateur ? La question se pose : en effet, 30 % seulement des visiteurs comptent sur les nouvelles technologies pour "une meilleure approche des besoins des usagers".

La réponse ne fait aucun doute pour Le Garrec : "le fonctionnaire sera libéré pour dialoguer avec l'usager et l'aider". En somme, il aura de nouvelles tâches d'accueil et de contact. D'ailleurs, il va être formé en deux jours. Evidemment, deux jours de formation au contact, ça ne vous change pas un fonctionnaire.

Bref, comme l'a constaté une dame, "la nouvelle administration a encore beaucoup de chemin à faire". Cette expo n'a pas seulement pour but de lancer l'informatisation de la Fonction publique, mais aussi, et surtout, de changer son image dans l'esprit des gens. Une image pas trop positive : à la question "Conseilleriez-vous à votre enfant de faire carrière dans l'administration ?", 69 % des visiteurs et 52 % des fonctionnaires ont répondu "non".

Aude YUNG, Libération, n° 1356.

Pourquoi les enfants aiment-ils tant les "clips" publicitaires ? Parce que le message est court, clair, vivant, varié, original, souvent drôle, facile à retenir, tous les attributs d'une bonne information. La répétition d'un même thème ajoute à l'intérêt car on s'attend à certains effets. La petite phrase, sorte de slogan politico-publicitaire "lâché" - mais parfois soigneusement préparé - par une personnalité politique, s'inscrit dans cette logique... (...). Un autre moyen de créer artificiellement de la variété est représenté par le hit-parade : Hit-parade des hommes politiques, des films, des livres, des villes, des acteurs... Formule également inépuisable : faire du neuf avec du répétitif.

Joël DE ROSNAY.

2. Qui ne se souvient de ce mot de Victor Hugo, porteur de toute la générosité du XIXe siècle : "Ouvrez les écoles, vous fermerez les prisons". La déconvenue a été sévère. Pourtant, il ne viendrait à personne l'idée de regretter ni de mettre en cause l'option fondamentale prise alors. La généralisation et la prolongation de la scolarité sont facteurs de progrès pour la collectivité et garantie de justice entre les hommes.

Mais il nous faut aller au fond des choses. Les études effectuées à la demande du Comité ont montré que si, pour beaucoup d'enfants, la prolongation de la scolarité à 16 ans a été un élément bénéfique, pour d'autres, elle s'est accompagnée au contraire d'une sorte de désocialisation.

Celle-ci est sensible dans les zones à forte densité et, principalement, dans les grandes agglomérations. Ses formes sont la passivité, l'absentéisme, le vandalisme, parfois les conduites d'auto-destruction.

Comment expliquer ce phénomène qui n'est, heureusement, pas général ? Il semble tout d'abord que, pour certains élèves qui déjà avaient peine à suivre les cours, ce maintien dans le système scolaire soit ressenti plus comme une punition que comme l'occasion d'une promotion. Il s'agit d'une sorte de garderie imposée à des adolescents au moment où ils pourraient commencer à exercer leur indépendance par des choix personnels. Cette garderie leur interdit toute indépendance pécuniaire, alors même qu'ils disposent de nombreux loisirs (209 jours par an).

L'adolescent qui accuse un retard scolaire est l'objet d'une ségrégation, - connue,, par les enseignants, sous le nom tristement évocateur de "classes dépotoirs" et, par l'administration sous d'autres vocables euphémiques, "classes pratiques", "aménagées", "à programme allégé". Les enseignants sont affectés aux classes nobles selon leurs diplômes et leur notation. Il s'institue ainsi comme une contre-hiérarchie où le travail le plus délicat, et qui devrait requérir les qualités pédagogiques les plus affirmées, est confié aux maîtres qui ne s'en voient pas offrir d'autres.

Comment s'étonner qu'un tel adolescent, maintenu contre son gré dans un système dont il ne voit pas le sens, mal encadré, privé des moyens matériels de sa liberté, en un mot, rejeté, cherche à s'affirmer par l'indiscipline, bientôt la violence solitaire, ou, plus souvent, collective ?

Réponses à la violence,
Rapport du Comité présidé par Alain Peyrefitte.

BIBLIOGRAPHIE SELECTIVE

CHAPITRE I : Le langage

On peut se reporter directement aux "textes fondateurs" que sont notamment, outre le Cours de linguistique générale de F. de SAUSSURE (publication posthume en 1916).

R. JAKOBSON, Essais de linguistique générale (Collection Points ; éd. du Seuil).
Recueil de plusieurs études ; voir notamment sur syntagme et paradigme l'essai intitulé Deux aspects du langage et deux types d'aphasie (1956). Cf aussi la célèbre étude Linguistique et poétique (1960).

A. MARTINET, Eléments de linguistique générale (collection U2 ; éd. Colin, 1967).

E. BENVENISTE, Problèmes de linguistique générale 1 (coll. TEL ; éd. Gallimard).
Recueil d'études publiées de 1939 à 1964. Voir notamment la 2ème partie sur la communication.

Problèmes de linguistique générale 2 (ibid). Recueil d'articles parus de 1965 à 1972 (notamment la 2ème partie).

Sur les possibilités qu'offre le langage, et en particulier le langage poétique, on pourra utiliser le très clair et utile ouvrage de :

D. DELAS, Poétique/Pratique (Cedic, 1977).

CHAPITRE II : Du langage à l'énoncé

Sur le schéma désormais classique de la communication et des fonctions du langage, cf les analyses de R. JAKOBSON in Essais de linguistique générale (déjà cité).

On est amené à nuancer ou critiquer certains aspects de ce schéma, notamment dans la perspective de la linguistique de l'énonciation. On consultera à ce sujet les textes essentiels de BENVENISTE (dans les Problèmes de linguistique générale 1 et 2, déjà cités, les parties intitulées L'homme dans la langue). Cette démarche est prolongée par :

C. KERBRAT-ORECCHIONI, L'énonciation ; de la subjectivité dans le langage (éd. Colin, 1980).

Synthèse très claire qui, partant d'une analyse critique du schéma de JAKOBSON, étudie la façon dont la subjectivité s'inscrit dans le langage. De nombreuses applications pédagogiques possibles.

D. MAINGUENEAU, Approche de l'énonciation en linguistique Française (éd. Colin, 1981).
Complète utilement le précédent, notamment à propos du système temporel.

Sur la spécificité de l'écrit, voir notamment :

R. ESCARPIT, L'écrit et la communication (Que sais-je ? n° 1546, 1973).

G. VIGNER, Lire : du texte au sens (Clé international, 1979).
Ecrire (ibid, 1982).

Deux ouvrages extrêmement utiles à la fois sur le plan de l'information théorique et de la réflexion didactique, fondés sur l'expérience de l'enseignement du Français langue étrangère.

J.L. CHISS et J. FILLIOLET, *Pédagogie de l'écrit et linguistiques du discours*, (Etudes de linguistique appliquée, n° 42, 1981).

CHAPITRE III : Les différents types de textes

Outre les ouvrages de G. VIGNER déjà cités, on pourra consulter sur la lecture le n° 35 de la revue PRATIQUES, notamment :

L. SPRENGER - CHAROLLES, *Quand lire c'est comprendre* (Pratiques n° 35, 1982).

Pour une réflexion générale sur les typologies de textes,

Théorie des genres (coll. Points, éd. du Seuil, 1986).

Recueil de plusieurs études essentielles sur la question, dont l'*Introduction à l'architexte* de G. GENETTE. Sur la notion d'horizon d'attente, voir l'étude de H.R. JAUSS.

T. TODOROV, *Les genres du discours* (éd. du Seuil, 1978).

Sur les différents types de textes abordés dans le chapitre :

J.M. ADAM, *Le récit* (Que sais-je ? n° 2149, 1984).
Pour une première approche des problèmes de la narration.

Ph. HAMON, *L'analyse du descriptif* (Hachette, 1980).

On pourra se reporter aussi à plusieurs numéros des revues *Pratiques* (n° 34, 1982 *Raconter et décrire* ; n° 28, 1980, *Argumenter* ; n° 51, 1986, *Les textes explicatifs*) et *Le Français Aujourd'hui* (n° 69, 1985, *Apprendre, enseigner le Français aujourd'hui* et n° 79, 1987 *Classes de textes, textes en classes*).

Pour les textes argumentatifs, cf chapitre suivant.

CHAPITRE IV : Comprendre un texte argumentatif

Sur l'argumentation en général :

P. OLERON, *L'argumentation* (Que sais-je ? n° 2087, 1983).

Ch. PERELMAN, *L'empire rhétorique* (Vrin, 1977).

Présentation synthétique des recherches d'un philosophe qui reprend la réflexion sur l'argumentation inaugurée par Aristote.

Sur "l'argumentation dans la langue" :

O. DUCROT, Les mots du discours (éd. de Minuit, 1980).

Le dire et le dit (éd. de Minuit, 1984).

Voir notamment le dernier chapitre : Esquisse d'une théorie polyphonique de l'énonciation.

Sur les textes argumentatifs :

H. PORTINE, L'argumentation écrite (coll. BELC, Hachette, Larousse, 1983).
Riche en propositions sur la pédagogie du texte argumentatif.

CHAPITRE V : Résumer un texte argumentatif

S'il existe d'innombrables "guides du résumé", souvent succincts et superficiels, on relève assez peu d'études analysant avec rigueur et précision les techniques de la contraction de texte.

On pourra cependant se reporter, pour étudier tel ou tel aspect de la démarche, aux articles suivants :

A. PETROFF, Méthodologie de la contraction de texte (Langue Française, n° 26, 1975).
Un article précurseur qui, à partir d'une analyse des mécanismes de lecture, réfléchit à la façon d'identifier les noyaux d'un texte et leur organisation.

L. SPRENGER - CHAROLLES, Le résumé de texte (Pratiques, n° 26, 1980).
Une étude très suggestive qui, partant d'une étude des processus de compréhension d'un texte, propose des règles de réduction de l'information permettant de remonter à la "macro-structure" de celui-ci.

D. HADJADJ, La contraction de texte. Bilan et perspectives (Le Français Aujourd'hui, n° 60, 1982).
Les mécanismes et l'évaluation de la contraction de texte.

M. FAYOL, Analyser et résumer des textes : une revue des études développementales (Etudes de linguistique appliquée, n° 59, 1985).
Une approche psycho-linguistique des mécanismes cognitifs mis en oeuvre dans le résumé.

J.P. LAURENT, L'apprentissage de l'acte de résumer (Pratiques, n° 48, 1985).
A notamment l'intérêt de réfléchir sur l'organisation d'une progression dans les exercices préparatoires au résumé.

CHAPITRES VI et VII

Outre les ouvrages signalés à propos du chapitre IV, on se reportera utilement à la tradition de la rhétorique classique. Pour une première approche :

O. REBOUL, La rhétorique (Que sais-je ? n° 2133, 1984).

R. BARTHES, L'ancienne rhétorique ; Aide-mémoire (Communications, n° 16, 1970).

FICHES 1 à 10

Le problème de la cohérence textuelle est posé dans une perspective pédagogique par :

M. CHAROLLES, Introduction aux problèmes de la cohérence des textes (Langue Française, n° 38, 1978).

Pour une présentation d'ensemble de la problématique :

B. COMBETTES, Pour une grammaire textuelle (De Boeck, Duculot, 1983).

H. RÜCK, Linguistique textuelle et enseignement du Français (Crédif, Hatier, 1980).

Impressions DUMAS – 42100 SAINT-ÉTIENNE
Dépôt légal : septembre 1993
N° d'imprimeur : 31547
Imprimé en France